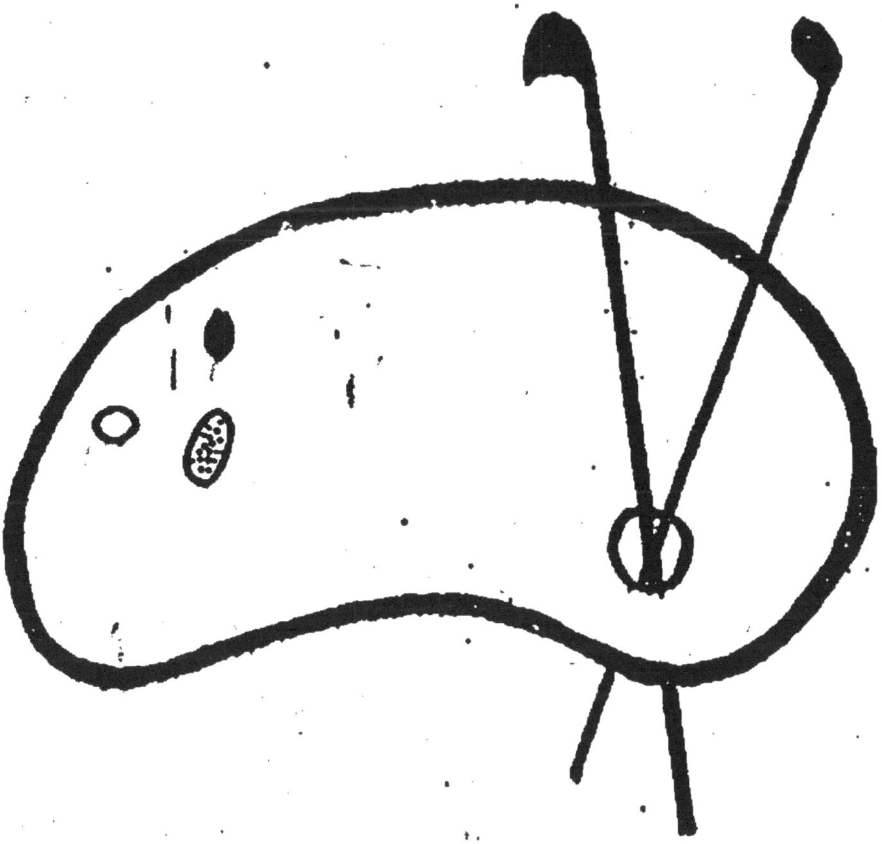

L'INCENDIE
DU CAP.

L'INCENDIE DU CAP,

OU

LE RÈGNE

DE

TOUSSAINT-LOUVERTURE,

Où l'on développe le caractère de ce chef de révoltés, sa conduite atroce depuis qu'il s'est arrogé le pouvoir, la nullité de ses moyens, la bassesse de tous ses agens, la férocité de Christophe, un de ses plus fermes soutiens, les malheurs qui sont venus fondre sur le Cap, la marche de l'armée française, et ses succès sous les ordres du capitaine général Leclerc.

PAR RENÉ PÉRIN.

Ab uno disce omnes.

A PARIS,

Chez MARCHAND, Libraire, Palais du Tribunat, première galerie de bois, près le passage Vallois, no. 188;
Et au passage Feydeau, no. 24.

AN X. (1802.)

DISCOURS
PRÉLIMINAIRE.

MARS, fatigué de lancer la foudre, avait presqu'éteint ses feux dévorans; l'olivier pacifique se plaisait à ombrager les rives du Danube; la Loire, fatiguée de rouler avec efforts les larmes des vivans, les ossemens des morts, sans emporter le souvenir des forfaits dont elle fut couverte, des victimes qu'elle dévora, plus tranquille et plus majestueuse, coulait avec lenteur; et la Tamise, énorgueillie, portait des vaisseaux français!

L'Aigle impérial avait suspendu son vol; l'Océan, de toutes parts, ouvrait au commerce ses paternelles ondes; les champs, témoins du carnage, renaissaient à l'abondance, et appelaient des bras pour forcer la nature à laisser encore leurs riches sillons s'entr'ouvrir.

L'Italie, redevenait le berceau des grands hommes! Les beaux arts éplorés, semblables au rossignol qui n'aime à gazouiller que dans le silence, paraissaient plus brillans que jamais; le commerce et l'industrie, ces sources fécondes du bonheur des empires, acquéraient de nouvelles forces, et sur les aîles du génie, allaient porter au loin de nouvelles découvertes.

La bonne mère, à chaque instant, attendait son fils, et rêvait déjà les charmes du retour.

La sœur tendre croyait, par ses desirs, ses prières, hâter l'instant qui devait la réunir au frère le plus chéri.

L'amante en pleurs avait retrouvé la source de la joie; l'espoir avait ramené la gaîté, et l'amour, bercé par de douces chimères, portait dans son ame ces desirs brûlans, ce feu d'autant plus actif, qu'il fut plus long-temps concentré; cette soif de bonheur, qui fait tressaillir; elle comptait les minutes par les battemens de son cœur: et, quoiqu'il fut à cent lieues d'elle, elle avait dejà serré son amant dans ses bras. Tel est le charme de l'illusion; il console dans le malheur, il grandit le plaisir.

Le pâtre guerrier conduisait ses troupeaux à l'ombre des lauriers qu'il tenait des mains de la victoire.

Le vieux père, enfin rendu à ses foyers, à l'approche de la

saison des frimats, les pieds sur les chenets, historien fidèle, comme il fut brave soldat, instruisait ses fils à marcher au chemin de l'honneur, racontait ses campagnes, parlait de siéges, de batailles avec plus d'ardeur qu'un amant de sa maîtresse; de glorieux souvenirs le rajeunissaient; sans s'en douter, par le seul récit des belles actions, il enfantait des héros, et se disposait ainsi, en sortant des brás de la gloire, à vieillir dans ceux de l'amitié.

Les haines étaient éteintes; les deux premières nations du monde, faites pour s'aimer, avaient trouvé dans la guerre des raisons de s'estimer davantage.

« Le flambeau de la discorde » s'échappait de ses mains. »

Guerrier intrépide, magistrat sage, l'espoir et l'amour des Français, Buonaparte venait de rendre à l'univers la paix et l'abondance, environné de notre amour, fléchissant sous le poids de ses lauriers, le desir de notre bonheur, agitait son sommeil; il avait juré la gloire et la prospérité de la France, et ses sermens étaient remplis.

L'œuvre de la paix allait se

consommer, que dis-je, la balance politique était établie, et le pacificateur de l'Europe, quitte envers son siècle, avait déjà assez fait pour la postérité.

Lorsque de nouveaux troubles appellent la valeur française en d'autres climats, une horde d'Africains farouche, qu'une pitié mal entendue arracha au frein de l'esclavage, une poignée de brigands veut disputer à la France l'empire des Colonnies, veut nous ravir cette belle et vaste partie de nos richesses, qui nous a coûté deux cents ans de travaux.

Un scélérat, que la nature avait condamné à végéter, le

rebut de la société, un Toussaint-Louverture, ce sérpent que la France a réchauffé dans son sein, dont elle a protégé les petits. (1) Cet assemblage inoui de scélératesse, d'ingratitude, de sottise, d'amour-propre et de bassesse, un Toussaint-Louverture, qui a oublié les bontés dont la France a daigné le combler, qui a grossi ses richesses des dépouilles de ses victimes, qui a trahi, per-

(1) Toussaint-Louverture envoya ses fils à Paris; ils furent placés au Prytannée; le Gouvernement fut grand envers eux. Je ne les connais pas, mais je les plains d'avoir un tel père, qui ne leur laissera que la honte et l'exécration publique pour héritage. Le premier consul vient de les renvoyer au milieu des rébelles.

sécuté ceux qui avaient abrité son enfance, cet hypocrite ignorant, qui, dans son fol orgueil, au milieu d'une orgie, osait dire que Raynal l'avait désigné, vient enfin de jetter le masque politique dont il se couvrait, et d'arborer l'étendart de la révolte. Ce ramas d'insurgés, d'hommes indignes d'en porter le nom, qu'on vît armés de torches incendiaires, porter par-tout la mort et la désolation, et par de nouveaux crimes effrayer l'univers, voudraient aujourd'hui se mesurer avec des Français! O honte!.. (*Quos ego!*) Mais le premier Consul a parlé, et à l'instant où j'écris, le perfide Toussaint a peut-être existé.....

Je vais pénétrer dans l'intérieur de la ville du Cap, y chercher les victimes de ce nègre atroce, et offrir un tableau sur lequel, lecteur, tu seras peut-être forcé de verser quelques larmes ! ! ! . . . .

. . . .

. . . .

L'INCENDIE DU CAP.

TOUSSAINT-LOUVERTURE étendait son autorité sur toute la colonie; du milieu de ses satellites, il dictait des lois, et la France, tranquille spectatrice de ses actions, le croyait digne de son alliance et de sa protection.

Cependant, si l'on jette les yeux sur le passé, si l'on interroge des temps plus reculés, on verra ce négre d'abord esclave, courber la tête à force d'hypocrisie, gagner la confiance de ses maîtres; on le verra sortir de cet état de servitude, secouer le joug, et à l'époque où les Colónies furent le théâtre des plus grandes horreurs, ambitieux sans moyens, intrigant sans adresse, hardi sans courage, rallier autour de lui cette nuée de noirs, ce ramas de machines qui marchaient au crime avec impunité.

On le verra trahir l'Espagne, déserter ses drapeaux, abreuver d'injures les commissaires français, et citer ses forfaits comme des actions d'éclat.

Le respectable Senneville, riche propriétaire du Cap-Français, avait été une de ses victimes, pour avoir voulu opposer une digue à son autorité, et refusé d'obéir à un homme qu'il méprisait. A l'époque où les massacres des Colonies commencèrent, M. de Senneville, propriétaire de la plus belle habitation, avait à ses ordres plus de six cents noirs.

Aucun d'eux n'avait eu à se plaindre de lui; bon, humain, compatissant, il respectait le malheur et blâmait tous ceux qui, dans sa maison, s'écartaient de ces principes.

Au milieu de sa famille, faisant le bonheur d'une épouse adorée, chéri de son fils, de sa fille, chaque jour, pour lui, le ciel était sans nuage; la félicité, cette chimère, ce songe de l'homme éveillé était presque devenu pour lui une réalité. Une fortune immense, une femme, des enfans, un cœur pur, le pouvoir de faire le bien, tel était le sort de M. de Senneville; il n'en faut pas davantage pour être heureux, et il l'était, du moins il croyait l'être, et l'espérance est la première des richesses.

Vingt années de cette tranquillité parfaite étaient écoulées, et d'autres encore devaient leur succéder. Voilà ce que répétait sans cesse notre respectable propriétaire, en contemplant son sort, et en parcourant ses vastes propriétés.

Les premiers germes de la division avaient déjà pris naissance au sein de la France, et les Colonies voyaient chaque jour, dans le silence, s'approcher le moment de leur chûte et l'époque des plus grands malheurs ! Pour gronder faiblement, la tempête n'en devait pas moins éclater, et la foudre devait laisser des traces qui n'effaceront jamais !

Cependant le flambeau de la guerre civile cherchait à s'allumer, de hardis novateurs, « *unis pour le butin, divisés au partage*, » sondaient les esprits, essayaient la révolte et devaient persuader aisément des êtres bruttes, et que le crime ne pouvait effrayer ; ils mordaient le frein de l'esclavage ; ils se plaignaient de ce qu'on resserrait leurs fers. Des projets homicides, des idées sinistres, furent présentés à leur imagination déréglée, mais avide de nouveauté, et on leur faisait envisager qu'ils atteindraient le but, si, pour y arriver, ils prenaient les aîles de la vengeance.

Cette idée d'indépendance, ce desir de se dire égaux à leurs maîtres, cette soif de passer pour des citoyens, de n'avoir plus ni frein ni lois; l'ambition, la haine!... tels étaient les motifs cruels qui devaient amener la ruine des Colonies. Telles furent les causes de tous les désastres que nous n'aurions pas à pleurer, si nous n'eussions pas rendu sitôt ces tigres à leur furie. L'art de les museler fut long à trouver, et nous avons à nous reprocher le trop d'indulgence envers des gens qui sont devenus nos plus cruels ennemis, et qui, une fois au-dessus de la crainte, n'ont plus su respecter les vertus et les lois; ils ont frappé indistinctement et les coupables supposés et leurs bienfaiteurs reconnus.

Parmi les négres au service de M. de Senneville, était un nommé Christophe (1), homme ardent, impétueux, né pour tous les vices; vingt fois, sans les prières et même les ordres du brave Senneville, il eut expiré sous le bâton. Ce hardi scélérat était devenu éperduement amoureux d'Ermina, la fille de son maître. D'abord, M. de Senneville vit naître cette passion qu'il traitait de folie, et il la vit sans inquiétude, fort des principes qu'il avait su inspirer à

(1) C'est ce même Christophe qui joue aujourd'hui un rôle important comme général de révoltés; c'est une créature de Toussaint-Louverture.

son

son Ermina, et de la tendresse qu'elle lui portait.

Christophe, enhardi par cette sécurité de la part de M. de Senneville, laissa éclater ses coupables desirs : sa passion grandit avec le temps, et un jour que son maître était allé à quelques lieues du Cap, il ne se rendit pas aux travaux à l'heure ordinaire; mais, soigneusement renfermé dans la maison, il épia toutes les démarches d'Ermina, s'attacha à ses pas, pour ne la plus quitter.

Ermina profita de ce moment de liberté, pour écrire à Florello, jeune homme charmant, et qu'elle aimait depuis long-temps; mais, par malheur, il était en France, et ne devait repasser aux Colonies, que l'année suivante.

A peine à son seizième printemps,

parée de toutes les graces de la jeunesse, riche de tous les dons de la nature, destinée à avoir une fortune immense, Ermina était belle sans le savoir, et plaisait, sans chercher à plaire.

Christophe, dérobé à ses regards par un léger rideau, fixait sur elle des yeux pleins de flamme; il aurait voulu deviner ce qu'elle écrivait, il aurait voulu tenir cette lettre fatale; car Ermina, en l'écrivant, avait vingt fois répété le nom de Florello; ce nom chéri venait se placer sous sa plume, autant de fois qu'il errait sur ses brûlantes lèvres : chaque fois qu'elle relisait sa lettre, elle trouvait quelque chose à y ajouter; les expressions n'étaient pas assez vives, assez senties; le style était trop froid; son ame n'y était pas toute entière; la pudeur fermait la bouche à l'amour;

Florello pouvait douter de son cœur, en lisant cet écrit insignifiant.

Témoin de tous ces combats, Christophe souffrait; que dis-je, il écumait de rage: c'était le délire d'un tygre, qui veut et qui craint de se jeter sur sa proie. Ermina fit un mouvement, Christophe tressaillit; le rideau voltigea, et elle crut appercevoir quelque chose: sa mère était dans l'habitation voisine, ses femmes toutes dans le parc: la frayeur s'empara d'elle; une sueur froide se répandit sur toute sa personne, et mouilla son front!

Christophe vit son trouble, et ne jugeant pas encore nécessaire de paraître, il resta derrière le voile favorable, sans mouvement, l'haleine captive, et dans une immobilité absolue.

Peu-à-peu, Ermina se rassura, et

reprit sa lettre, qu'elle avait enfin réussi à terminer. Peut-être, dit-elle, sera-t-il content..... Voyons si j'ai bien exprimé ce que je sens.

Christophe sourit d'un rire féroce, et prononça, avec peine, le nom de Florello. Ermina lut, et il écouta.

MON CHER FLORELLO,

« Il y a des siécles que nous sommes » séparés, et des siècles s'écouleront » encore avant ton retour (dans un » an.) J'ai compté les instans, je » compte les minutes. Je ne suis plus » une petite fille; je ne t'aime pas » davantage. » (Oh! non, cela n'est pas possible.) « Mais je t'aime avec » autant d'ardeur, et ton absence » est mon premier supplice. Mon » ami, Paris doit être un séjour en- » chanteur; les plaisirs doivent se » disputer tes instans: mais lorsque

» tu auras parcouru ce cercle de » monotonie, ces erreurs délicieuses, » qui, loin de moi, sans doute, » enyvrent tes sens, et t'offrent le » bonheur, ou du moins un phan- » tôme paré de ce nom séduisant, » reviens près de ton Ermina. »

Christophe était dans une situation qu'il serait difficile de peindre. Qu'on se figure cet homme extrême en tout, et poussé par un amour effréné, forcé d'entendre les protestations d'Ermina, d'entendre ces protestations, qu'une ame vierge encore adressait à l'objet de toutes ses affections; et ces aveux, si bien sentis, si bien exprimés, on jugera de la fureur de Christophe.

» Un père et une mère qui t'ai- » ment autant que moi, attendent » ton arrivée, l'attendent avec une » impatience! Reviens, mon Flo- » rello, et l'hymen te remettra la

» couronne que par mes mains a tressé
» l'amour.

» *Ton Ermina, ta tendre Ermina* ».

Oui, elle est bien ainsi.... Heureux papier, dépositaire des plus secrets sentimens de mon cœur, tu vas approcher mon Florello, il fixera ses regards sur toi !... Ah ! je le sens, c'est pour deux amans malheureux, c'est pour charmer l'absence, que naquit l'art d'écrire.

Si j'en crois ses lettres, moi seule vit dans son cœur, moi seule occupe sa pensée : la dernière fois que je lui ai envoyé mon portrait...... Qu'il fut satisfait ! aussi quelle réponse !

Et la voilà cherchant du haut en bas de son secrétaire, tous les tiroirs sont ouverts, toutes les cachettes consultées.

Mais elle ne se disposait pas à sortir, et Christophe n'osait se montrer... Un éclat était à craindre, sa vue ferait une impression d'autant plus vive sur Ermina, qu'elle n'y était pas préparée, qu'elle se croyait absolument seule, et qu'il n'y a qu'un instant que le moindre frémissement avait manqué de la faire trouver mal. D'ailleurs, on pouvait venir; son père pouvait rentrer d'un moment à l'autre; quelque nègre pouvait quitter le travail; le conducteur pouvait s'appercevoir de son absence; on aurait bientôt visité toute la maison; le moindre cri d'Ermina attirerait vingt femmes auprès d'elle.. Comment se défendrait-il? quelle raison alléguer? Cependant elle ne sortira peut-être pas; l'occasion de lui parler est peut-être perdue, et perdue pour jamais; elle est seule, et je n'ose! (tant le crime hésite à franchir la distance qui le sépare de la vertu.)

Pendant que Christophe faisait toutes ces réflexions, il restait toujours immobile derrière son rideau. Ermina avait tout remué, parcouru toutes les lettres imaginables; enfin celle tant desirée se présenta. La voici! s'écria-t-elle, la voici! mais que je suis folle, pourquoi tant la chercher? je la sais par cœur, je l'ai parcourue tant de fois, c'est là qu'est renfermée cette romance qu'il m'adressa en recevant mon portrait.

Les paroles et la musique, tout est de lui; puis-je jamais oublier ce que m'apprit l'amour!

Justement mon piano est d'accord: la chaleur est encore trop forte pour aller dans le parc, on m'accuse tous les jours de ne pas travailler, je vais réparer le tems perdu; aussi on me fait

fait chanter tous les jours de grands airs, ça ne va pas à l'ame, ma Romance est bien plus expressive....

Arbrisseaux agités, plus de frémissemens !
Echos arrêtez-vous sur les aîles des vents !

ROMANCE.

Air à faire.

Le peintre d'une main savante,
De l'art empruntant les attraits,
N'a pu de la plus tendre amante
Offrir à mes yeux que les traits;
Mais de cette image chérie,
Quand, grace à son art enchanteur,
Sur cette toile est la copie,
L'original est dans mon cœur.

Un jour, de la toile légère,
Le tissu pourra se briser,
Et de ce pastel éphémère,
L'éclat séducteur se passer;
Mais cette précieuse image,
A l'abri d'un pareil malheur,
Du temps, quel que soit le ravage,
Ne peut s'effacer de mon cœur !

La touche rebelle allait encore fléchir sous les doigts charmans d'Ermina, lorsqu'on vint lui annoncer que les nègres ne travaillant plus dans le parc, elle pouvait commencer sa promenade solitaire.

Betzi l'aida à passer une tunique légère, simple voile de la pudeur.

Christophe sourit : enfin, dit-il en lui-même, je vais lui parler, pourvu que ses femmes ne la suivent pas. Oui, mais l'idée de Florello ne la quittera pas, et l'aveu que je vais faire, doit me conduire au bonheur, ou malheur à l'amant préféré !.... Si je ne suis pas aimé, je serai vengé.... Le cruel !.... et c'est la fille de son bienfaiteur !....

Ermina se dispose à sortir, Betzi veut l'accompagner : non, dit-elle, ma chère Betzi, j'irai seule, j'irai sous cette allée silencieuse qui fut témoin de mon amour, qui le sera de mes regrets, de ma douleur !....

Betzi obéit, et se retira.

A peine Ermina avait elle fait quelques pas, que Christophe, déjà hors de la maison, la suivait des yeux : enfin il la vit entrer sous cette belle allée, impénétrable aux feux du jour, mais point à ceux de l'amour. Qu'elle était belle ! ce désordre aimable qui l'environne, double encore ses charmes, s'écriait-il !

Bercée tour-à-tour par le plaisir, et tourmentée par les regrets, Ermina avait déjà essayé vingt fois de graver sur l'écorce légère son chiffre uni à celui de Florello ; déjà la Romance plaintive s'était fait entendre sous le feuillage, déjà vingt fois le nom de Florello avait été prononcé.... Mais hélas ! Florello était absent de ces beaux lieux , et les échos ingrats avaient oublié son nom !....

Notre aimable Ermina vient se reposer sous un bosquet, l'amour de Flore ; déjà ses yeux humides de larmes, allaient se fixer sur un livre, (c'était l'art d'aimer,) elle allait lire, lorsqu'un bruit léger se fit entendre derrière le feuillage.... Elle tressaillit. C'était Christophe, qui était parvenu là sans être apperçu. Ermina fuit, jette un cri. Rassurez-vous, maîtresse, lui dit Christophe, en se jetant à ses genoux, — Malheureux ! que me veux-tu ? — Vous faire l'aveu d'une passion que je ne puis plus renfermer dans mon sein. — Une passion ! s'écria Ermina. Elle ne savait si elle devait fuir ou rester.... Ses jambes fléchissaient, et la crainte glaçait tous ses sens. — Oui, répondit Christophe, oui, ce Christophe, cet esclave que vous voyez à vos pieds veut franchir la distance qui le sépare de vous ; il veut vous aimer !.... — Si tu ne te retires à l'instant, j'appelle à mon secours, et le châtiment le plus sévère sera le prix de ta témérité. — O Florello !.... Christophe allait se livrer aux plus grands excès, quand il entendit la voix formidable du régisseur de l'habitation, qui l'appelait à grands cris. Il s'éloigna précipitamment en répétant plusieurs fois, ah ! Florello ! tu me disputes le cœur d'Ermina ! Tout espoir est détruit, mais tu n'es pas son époux, et ma vengeance me reste ! Ermina était restée sans mouvement, étendue sur le gazon, les cheveux épars, fatiguée des efforts qu'elle avait fait pour se débarrasser des bras de ce scélérat ; elle était presque sans vie ; ses yeux étaient éteints ; la pâleur occupait le siége des roses !...

Cette scène cruelle avait été de longue durée ; le soleil n'éclairait plus la terre ; les travaux étaient suspendus ; Monsieur et Madame de Senneville avaient déjà vingt fois demandé leur Ermina, et Betzi, inquiette de sa maîtresse, accourut au parc, et la trouva dans l'état qu'on vient de décrire.

Elle eut beau la questionner, Ermina se tut ; et après avoir un peu réparé le désordre de la douleur, elle regagna le toît paternel, bien décidée à instruire son père des vues criminelles et des projets de Christophe.

M. de Senneville fut indigné au récit de cet attentat ; il fit venir Christophe. — Malheureux, lui dit-il, que t'ai-je fait, pour vouloir porter le déshonneur dans ma famille?

Mais tu me fais pitié, et je veux encore te pardonner. Je laisse à Florello lui-même à te punir de ton audace, si le sort prospère le ramène en ces lieux ; vas, sors de ma présence !

Christophe se retira confus, mais écumant de rage, et toujours bien résolu de se venger.

M. de Senneville, pour éviter de plus grands crimes, envoya son Ermina à la Guadeloupe, chez un de ses parens.

Les murmures devenaient plus fréquens ; l'atmosphère politique se chargeait de nuages, et tous les gens sensés craignaient, et prévoyaient les malheurs qu'on n'a vu que trop se réaliser.

L'absence d'Ermina avait ramené le calme dans l'ame de Christophe, sans avoir étouffé son amour, ses desirs criminels et sa vengeance.

Les gazettes publiques arrivaient de France : une grande révolution venait de s'opérer; le mot de liberté circulait déjà dans les Colonies. Il avait pénétré dans l'enceinte de nos habitations.

Un jour que M. de Senneville parcourait, selon sa coutume, ses vastes domaines, à l'heure où les travaux avaient rassemblé tous ses noirs, il approcha de l'endroit où travaillaient les femmes. Quel tableau! elles étaient gaies, et peu semblables à certaines dames françaises, ne s'occupaient ni de révolution, ni de complots, ni de projets.

La plus jeune d'entr'elles, assise au pied d'un chêne, allaitait deux enfans, (on l'appelait Zélie) et M. de Senneville l'avait déjà remarquée plusieurs fois.

Eh bien, lui dit-il, Zélie, es-tu

contente ? Moi, maître, peux-tu le demander; ne vois-tu pas que je suis mère.

Que cette réponse est sublime, et combien elle embellit une femme!....

Notre vénérable propriétaire avait déjà fait un assez long trajet, lorsqu'approchant de la plaine, M. de Senneville vit ses noirs assidus à leurs travaux; mais ayant l'air de soutenir une conversation animée, il approche; c'était Christophe qui adressait la parole à tous.

CHRISTOPHE.

Eh bien, Aza, les nouvelles sont-elles connues à toi?

AZA.

Moi n'oser encore y croire.....

CHRISTOPHE.

Rien n'est cependant plus certain;

AZA.

Moi bien le desirer !

CHRISTOPHE.

On parle de nous rendre libres !

M. de Senneville frémit, et ne vit que trop les malheurs sans nombre, qui s'apprêtaient à fondre sur cette riche partie du globe.

CHRISTOPHE.

Aza, est-ce que ce mot de liberté ne te frappe pas ? Est-ce que tu n'es pas yvre de joie, lorsque tu l'entends prononcer ? Nous serions libres, nous pourrions nous soustraire à ce joug insupportable, car il me pése.

AZA.

Et à moi donc !

CHRISTOPHE.

Courbés sous l'autorité, dociles à la voix d'un maître; nous battant de nos propes chaînes, tel est cependant notre sort..... Eh bien, nous sortirons de cet état de servitude ; nous n'aurons plus de maîtres. Oh! si Christophe devenait un jour quelque chose, si je me saisissais un jour du pouvoir, Aza, combien nos ennemis nous le paieraient cher....... Eh bien, ce pouvoir, ces honneurs, cette liberté, tout ça va nous être envoyé de France! Quel jour, Aza!.... Je ne serai plus obligé d'arracher de terre des trésors inutiles pour moi.

M. de Senneville ne voulut pas en entendre davantage; profondément affligé, plongé dans un labirynthe de réflexions, plus terribles les unes que les autres, il regagna ses appartemens. Chaque jour amenait de nouvelles preuves, le présent était gros de l'avenir. On observait que les négres se rassemblaient dans la plaine : là, l'effervescence, le délire révolutionnaire prit naissance; les brandons de la discorde étaient prêts à tomber au milieu de la Colonie; l'horison politique se rembrunissait; l'esclave n'obéissait plus; le maître n'osait plus commander, les travaux étaient moins actifs; la nature appelait envain des bras destinés à servir les furies.

Enfin ce fameux décret arriva. Ce jour-là, M. de Senneville, agité d'un pressentiment secret, n'avait pas reposé, et ce tourment était le précurseur d'un événement sinistre.

Les agens sont dispersés, et le décret est proclamé. O Lameth! toi qui provoquas cette loi, je te demande aujourd'hui compte du sang qui a coulé, dans ces tristes contrées ; des fils te redemandent leurs péres ; des épouses éplorées leurs maris ; des amis, leurs bienfaiteurs ; celui qui arme l'assassin, est plus cruel que lui-même. Celui qui lui indique l'endroit où il faut frapper avant lui, a porté le coup ; mais pourquoi t'adresser ce reproche ? Je laisse à la postérité, à l'historien sévère, à marquer ta place. Paré de tous les vices, privé de tous les dons de la nature, doué d'un vaste génie, l'innocence a trouvé dans toi rarement un appui ; la pudeur t'a nommé son bourreau, et les mœurs leur ennemi le plus cruel.

Et cependant voilà l'homme qui prétend siéger au temple de mémoire. Oui, tu peux y avoir une place comme écrivain ; comme grand homme, jamais ; mais pourquoi en parler davantage ; Erato est juste, et ton portrait est déjà tracé par elle !

Sitôt que le décret fut répandu et notifié dans toute la Colonie, les nègres sortirent en foule des habitations.

Voyez cette armée de tigres rendus à leur furie ; ils se cherchent, se rassemblent, organisent un plan de vengeance...... Une série de crimes, jurent de les exécuter : ils sont exécutés. Le délire des forfaits est à son comble. Le mot sacré de liberté n'est plus qu'un cri de fureur ; la vengeance est la divinité à laquelle sacrifient les farouches Africains..... On se doute bien que Christophe était destiné à jouer un rôle dans une circonstance pareille.

La soif des forfaits les dévore à peine, que déjà les armes sont dans leurs mains. C'est un torrent qui grossit à chaque pas; il roule, il renverse, il arrache, et sur son passage, ne laisse que la mort et la destruction.

Le règne des bourreaux commence, il leur faut des victimes; ils vont les trouver. Sur qui doivent tomber les premiers coups? Sur qui? Sur leurs bienfaiteurs, sur leurs maîtres. S'il y avait des colons barbares, des propriétaires cruels. Combien en vit-on aussi aimer leurs nègres, les couvrir de leur protection, et adoucir leur existence pour leur faire presqu'oublier leur état.

Mais le langage de la raison était déplacé; des forcenés ne sont pas disposés à l'entendre.

La barrière est rompue; l'assassin est dans la lice, plus terrible que le temps et ses ravages; plus rapide dans sa course, la flamme brille pour éclairer les plus grands forfaits.

O mon Dieu ! et cependant tu es un être infiniment bon, tu veux le bonheur des hommes, ce sont tes créatures, tes enfans; le sang va couler, et la foudre reste oisive en tes mains.... Pardon si je doute.... Mais je croyais que tu ne pouvais pas permettre le mal !

Non, c'est la fatalité qui s'est emparé du sceptre de l'univers. Tel est l'ordre invariable des destinées; tout ce qui est devait être; les trônes devaient s'écrouler dans l'abîme des âges, et la nature, parée de tous ses attraits, devait se couvrir de deuil.

Soulevons un instant le crêpe de la mort, qui se déroule sur toute la Colonie...... Descendons dans ce séjour de tristesse et de larmes. . . *O Altitudo !* . . . .
. . . .

M. de Senneville, naturellement bon;

bon, ne pouvait croire que le prix de ses bienfaits serait l'ingratitude. Fort de cette idée, fort du témoignage intérieur de sa conscience, armé de ses vertus, tranquille spectateur de cette commotion générale, il voyait tout de l'œil du philosophe, était bien loin de soupçonner que jamais les poignards seraient dirigés sur son sein. Le plus sage se trompe souvent. Il avait fait des heureux, donc il avait fait des ingrats.

Cette sécurité mit cependant ses jours dans le plus grand danger. Le récit de quelques forfaits déjà consommés, parvint jusqu'à lui. Peu maître du premier mouvement, il frémit.... Il est de ces instans où l'homme le plus courageux cesse d'être lui-même.

On ne parlait que de propriétaires assassinés, de propriétés ravagées, de châteaux détruits; enfin, la renommée était lassée de publier des crimes. Combien de fois encore cependant il lui faudra emboucher sa trompètte, et de ses nombreux récits effrayer le monde!

On vint cependant avertir M. Senneville, que son nom avait été prononcé par ces furieux, que déjà plusieurs de ses amis étaient tombés sous leurs coups. Non, dit-il, je les attends; ils n'ont rién à me reprocher. Cependant le nom de Cristophe vint frapper son imagination, il se rappella l'aventure d'Ermina, mais n'en demeura pas moins résolu à ne pas abandonnér son habitation; on le pressait de se retirer au Cap, où il avait une trés-belle maison; là du moins, il pouvait plus aisément se soustraire à la fureur de ses ennemis.

Son épouse se joignait à ses amis,

mais vaines prières; quelques jours se passèrent assez tranquillement, M. de Senneville s'applaudissait du calme qui semblait renaître, et avait tout-à-fait repoussé ces terreurs puériles, ce premier instant de crainte dont il ne fut pas maître; cependant quand il voyait son habitation déserte, sa fortune détruite, ses plantations abandonnées; le sol privé des bras qui lui étaient si nécessaires, sa philosophie l'abandonnait, et des larmes s'échappaient de ses yeux, deux mois s'étaient passés depuis la désertion de ses nègres.

Le soleil entrait alors dans ses brillants gémeaux, il avait revêtu le midi de sa draperie de rose, le plus beaux mois de l'année s'avançait paré de sa robe étincelante, zéphire et l'aurore, ses deux compagnons fidèles prodiguaient dans les bois et dans les campagnes, les parfums, et rafraîchissaient l'atmosphère de leur haleine embaumée, du milieu de la plaine, des côteaux retentissans se faisaient entendre, mille cris de joie...... C'est là que la nature ne vieillit jamais!..

Le chant des oiseaux, l'odeur des plantes aromates, toutes les richesses de Flore, développées avec un luxe sans pareil, tout imprimait, dans l'ame un trouble intéressant; chaque souffle du zéphir apportait à la terre une bouffée d'ambroisie.

Le sommet des rochers attirait les regards, on découvrait ces peuplades d'oiseaux de passage qui s'y rendent chaque année, reconnaissent leurs antiques domaines, et confient encore une fois leurs pénates aux déserts aëriens de ce nouveau monde.

C'est sous ce ciel magnifique, que

ces petits voyageurs, privés de force et de boussole, planent et fondent d'une aîle certaine, ils organisent l'Empire.... l'Empire d'un instant, et colons passagers, ils travaillent à nourrir leur nouvelle famille.

Sorti dés la pointe du jour, suivi de ses pensées mélancoliques, Senneville, fatigué de marcher, est averti qu'il est temps de prendre un dîner frugal....... Il revient sur ses pas, et se dispose à suivre sa route..... lorsque des cris perçans viennent frapper son oreille, mais le bruit bourdonne encore dans le lointain ; il double d'attention ; il voudrait que la nature fut muette, que tout écoutât.

Mais le tumulte s'accroît, mille pas précipités font retentir la terre. Le nom de Senneville est prononcé. Cest-ici. C'est-ici ; je dois m'en souvenir s'écrie une voix formidable, que Senneville reconnaît pour être celle de Christophe. Il rentre chez lui, veut opposer une barrière à un de ces scélérats, car il ne doute plus de son sort... Vaine résistance.... Les portes sont brisées; les poignards sont levés, et le crime à soif de sang.

Muse plaintive ! avec ton énergie touchante, et le pouvoir que tu as d'ébranler, d'attendrir nos ames par des paroles, et des sons qui portent la douleur et l'agonie dans les cœurs, inspire-moi et prête-moi tes crayons pour tracer cette scène déchirante !

Offre-moi le respectable Senneville, sa vertueuse épouse, entourés d'assassins, et Senneville opposant encore le calme à la terreur : *c'est Coligny au milieu de ses bourreaux.*

Présente-moi ce respectable français, ce mortel vertueux, pour lequel le matin de la vie fut calme, et dont le midi, encore plus beau, s'écoula avec honneur au milieu des heureux qu'il faisait naître sous ses pas.

Présente-le moi, il n'y a qu'un instant, citoyen distingué, environné de l'estime publique, bon époux, bon père, enfin, jouissant de cette félicité parfaite; cette chimère brillante, ce rêve de l'homme éveillé, dont il avait cependant fait une réalité: Présente le moi un pied sur sa tombe, et attendant l'arrêt de son sort, peut-être le trépas, de ceux qu'il avait élevés, et qui lui devaient des épouses et des fils.

Quel funeste usage ces Africains féroces ont fait de leur liberté!..... C'était leur frayer le chemin des forfaits! c'était le leur indiquer.

Et vous avez cependant dit, dans

un bel élan : Rendons-leur la liberté, ce sont nos frères, des hommes comme nous. Ce mot a enfanté plus de crimes, a fait périr plus de Français, que le fer ennemi ; les dénominations ont été les premiers fléaux de la France.

Si la fièvre révolutionnaire ne vous eût pas agités; si tous vos sens n'eûssent pas été suspendus ; si la raison eût osé se faire entendre ; si la vraie philosophie eût élevé la voix, elle vous eut dit, ce que le temps ne vous a que trop appris :

Quoi ! cette foule d'Africains, semblables aux ours des déserts, sans principes, sans lois, *sont des hommes comme vous?* Quoi ! ces machines que l'on n'a pas civilisées, qui jamais n'ont connu les usages, n'ont fait partie du corps social ; quoi ! ce sont vos frères, ce sont des hommes comme vous?

Quoi !

Quoi ! des montres, s'abreuvent de votre sang, portent par-tout la flamme et la dévastation , et voilà ce que vous appelez des hommes comme vous ?

L'univers soupirait après le repos, la France respirait : elle veut ramener le commerce, féconder encore une fois ses Colonies. Elle se présente dans leurs ports, et des scélérats en refusent l'entrée à notre armée; le plomb meurtrier siffle de toutes parts.... La balle perfide a déjà peut-être atteint vos fils, vos frères. Les rebelles, non contens de leurs premiers forfaits, la rage dans l'ame, ne veulent laisser après eux que des ruines; ils fuyent, et les cités s'écroulent derrière eux.... Les appelerez-vous vos fréres maintenant ?.... Sont-ce des hommes comme vous ?

A la tête des noirs qui se présentérent chez M. de Senneville, était, comme je l'ai dit, Christophe. C'était un homme d'une taille majestueuse : l'œil perfide d'un chef de brigands, et déjà le front couvert de taches de sang, qui ne s'effaceront jamais (1); le lion, cherchant sa proie, ne porte pas un cœur plus sanguinaire.

D'un geste, il a bientôt rassemblé ces brigands secondaires, toujours gouvernés par le plus hardi, ou par le moins lâche.

Cette meute de chasseurs d'hommes se dispersent sur les terres de M. de Senneville : déjà ses possessions n'existent plus ; son habitation même, ce réduit solitaire que, dans une paix profonde, habitèrent long-temps

(1) Certes, ce n'est pas un homme comme vous ! . . . .

l'amour et la vertu, n'échappe pas à leur rage ; il est livré à la fureur des flammes : du sommet des côteaux jusqu'au sein des plaines les plus fertiles, la flamme et la rapine indiquent les traces de leur marche dévorante. Ainsi la destruction et la mort errent dans nos tristes Colonies, et fixent d'un œil hagard leurs habitans pâles et glacés d'effroi !

Semblable au voyageur frappé du tonnerre, qui reste immobile sur la route, M. de Senneville demeure sans mouvement, l'œil fixe, et ses membres roidis..... Il regarde sa vertueuse épouse..... Point de soupirs, point de larmes ; elles ne peuvent se frayer un passage.... Ils se contemplent dans un silence effrayant.

Christophe revient à eux ; il les somme de leur livrer tout ce qu'ils possèdent : d'une main, il est prêt à frapper ; de l'autre, a recevoir l'or. (1)

Cruel ! lui dit M. de Senneville, c'est toi qui viens m'assassiner ; toi, qui me dois tout ; les vêtemens qui te couvrent m'appartiennent encore. Madame de Senneville veut se jeter aux genoux de ce monstre. — Que fais-tu, s'écrie son époux ; la vertu doit-elle fléchir devant le crime !...

Qu'oses-tu dire, reprends Christophe, c'est la liberté qui arme nos bras.

Cruel ! ne profane pas un nom que tes attentats déshonorent ; toi, armé pour la cause de la liberté !..... Tu

---

(1) Que de fortunes qui n'ont pas d'autre origine, et quand on voudra sonder ce dédale incommensurable.... Que de terribles secrets se révèleront alors !... *Sequitur pede claudo pena Celestum* ; *mais elle l'atteint et le frappe.*

en veux à mes jours.... Eh bien! voilà mon sein.... Voilà la place où tu dois frapper..... Ajoute ce crime à tous ceux que tu as commis...... L'exécration publique n'en deviendra pas plus ton partage..... Il dit, et jetant à Cristophe toutes ses clefs : Tiens, gorge-toi d'or, et punis moi des bienfaits dont je t'ai comblé.

Christophe s'empare des clefs. A l'instant, on entend la troupe de furieux qui entourent la maison : l'effroi s'empare de Senneville et de son épouse. Christophe va rejoindre ses satellites ; tous se précipitent dans l'intérieur de la maison. Senneville est saisi, traîné au milieu d'eux ; sa vertueuse épouse éperdue, n'a même plus la force de conjurer ces barbares : elle tombe inanimée. Quel spectacle! il brise le cœur. — Général, dit Aza à Christophe..... c'est un ennemi de la liberté, n'est-ce pas? Sans doute, mes amis..... Si nous le laissons vivre, quelque jours ressaisi de l'autorité, il pourra se venger. — Oui, tu as raison, s'écria Christophe; il pourrait se venger, et les morts ne se vengent pas.

Senneville, dans ses bourreaux, reconnaît tous ses noirs. Hélas! s'écrie-t-il, il n'est plus d'espoir, et les bienfaits sommeillent aux cœurs de ces ingrats. Le poignard homicide est levé : des cris de fureur se font entendre; la victime seule est tranquille. Christophe ne veut céder à personne l'honneur de porter les premiers coups. La nature va frémir, quand on s'apperçoit que les flammes gagnent l'enceinte où sont renfermés ces brigands. Le châtiment approche, et ne les atteint pas.

Chacun ne pense plus qu'à la fuite.

M. de Senneville prend son épouse dans ses bras; et ployant glorieusement sous ce fardeau chéri, ce respectable vieillard avait à peine franchi le seuil de sa porte, que le plafond s'écroule..... Une minute plus tard, tout était enseveli sous des monceaux de cendre.

Les noirs s'éloignent, se rassemblent au milieu de la plaine, et delà, contemplent leur ouvrage, à la lueur des flammes qui s'élevaient jusqu'au ciel, ils se partagent les trésors de M. de Senneville; et, au milieu de l'orgie la plus dégoûtante, ils ont l'infamie de boire à la liberté. Tigres d'Afrique! vous n'étiez pas nés pour elle; ses bienfaits auraient-ils dû jamais arriver jusqu'à vous? Non, vous étiez nés, vous étiez faits pour mordre le frein de l'esclavage. Il en est parmi vous que je me plairais à

reconnaître asseoir près de moi.....
que la France a sagement fait de recueillir dans son sein ; qu'elle doit protéger, et qui sont, pour ainsi dire, dignes du nom français, et du titre imposant de citoyen : mais ceux-là sont les premiers à vous couvrir du mépris que vous méritez si bien, et dont la postérité vous réserve une ample moisson. Renfermés dans vos mornes impénétrables, vous croyez être à l'abri de la vengeance de la première nation du monde ? Détrompez-vous, cruels ! nous avons vaincu l'univers. Nous paraîtrons, et vous ne serez plus ! A la valeur française est-il de séjour inaccessible ? Les maux sans nombre, qu'enfante votre brûlant tropique, ne sauraient nous effrayer. Si au sommet des monts, où siègent les hivers, nous avons trouvé des lauriers en fleurs, il nous

en reste à cueillir sous votre ciel magnifique.

Monsieur de Senneville et son épouse, s'éloignaient à grands pas, et de tems en tems jetaient en arrière un long et douloureux regard; au moins disait ce vertueux père, mon Ermina n'a pas été témoin de cette scène affreuse.... peut-être eût-elle été la première victime de notre ennemi... Madame de Senneville, frissonna à cet idée!... Ma fille! mon Ermina, jamais les monstres ne l'auraient arrachée de mes bras, je défierais l'univers entier de me ravir ce trésor......

La scène qui vient de se passer avait tellement dérangé le cerveau de M. de Senneville, tellement affaibli ses organes, que depuis quatre heures ces époux infortunés erraient sans savoir où ils portaient leur pas!

La nuit étendait son voile sur la nature entière, nos deux fugitifs semblaient errer sur les débris du monde, les vents mugissaient de toutes parts, les vagues gémissantes apportaient dans l'ame de nos héros, cette terreur muette que les ténèbres grandissent encore, l'obscurité la plus profonde les environnait et ils avançaient sans savoir si un torrent ou un précipice n'étaient point sous leurs pas... Chaque coup de vent les faisait frémir..Le tremblement d'une feuille, le mouvement réglé du Pin majestueux qui balance sa cime orgueilleuse.... était pour eux un bruit confus ou l'approche de leurs assassins.

Fatigués, ne pouvant plus avancer.... ils se reposent au pied d'un arbre; et après dix heures de marche un sommeil difficile vint suspendre leurs souvenirs déchirans. Mais hélas! souvent quand la raison sommeille, l'imagination veille et nous retrace les objets avec plus de force.

Cette fatale journée, qui devait finir son existence, se présente encore à l'esprit de Senneville; des visions effrayantes viennent cruellement se jouer des heures du sommeil, il se croit au milieu des flammes... Il voit son épouse écrasée sous les débris de son château, sa fille au pouvoir de Christophe, alors il s'élance.... Le nombre des brigands grossit à chaque instant, la plaine n'offre plus qu'une vaste enceinte sans bornes et couverte d'assassins, le silence environné de la solitude rend cet aspect effrayant.... Senneville ne peut plus respirer.....Sa poitrine se gonfle... les larmes, les soupirs sont prêts à le suffoquer quand le sommeil et son cortége brillant d'illusions s'effacent et le rendent à lui même.

Senneville soupira et promena ses yeux autour de lui. Le souvenir d'un songe fatiguant pesait encore sur son ame. Le site délicieux où il se trouvait peu-à-peu dissipa sa douleur, la vue de la nature au milieu de ses trésors offrit à son esprit des illusions passagères, du bonheur... Mais bientôt la réflexion le rendit à ses chagrins, et il envisagea toute l'horreur de sa destinée, en jettant les yeux sur son épouse qui sommeillait encore à ses côtés.... Epouse infortunée! était ce là le sort qui t'était réservé, si la beauté, si la vertu n'y sont pas à l'abri des projets des méchans. Grand Dieu! ton plus bel ouvrage n'est donc plus l'objet de ta sollicitude paternelle! Vois ces traits altérés.... Cette pâleur qui siége sur ses lèvres on dirait d'un spectre échappé du trépas!... Si tu créas la femme pour nous donner une idée de la perfection... qu'elle naisse aussi pour la félicité... Qu'elle vive, cette épouse chérie, cette tendre moitié de moi-même et si je dois terminer ma carrière, qu'au moins je puisse déposer dans son sein ma dernière larme.

Senneville embrassa son épouse, que le réveil venait aussi de rendre à toute l'horreur de sa situation..... O mon ami!.... C'est toi!... où sommes nous.... — Tu le vois, il ne nous reste que le ciel pour abri et la terre pour lit. — Les barbares sont-ils encore-là? — Vois tu notre habitation dans le lointain, les flammes qui la dévorent éclairent jusqu'à cette solitude. Mon Ermina? — Elle n'a pas été leur victime n'est-ce pas!... Oh! non!

non ! C'est le Ciel qui m'inspira quand je résolus de l'envoyer à la Guadeloupe.... ! Eh bien ! pourquoi nous arrêter ! fuyons... fuyons... jusqu'à ce que ne trouvions plus ni noirs.... ni bourreaux.... Mourons donc ici, s'écria Senneville. Mais il fallait continuer la route, et nos deux voyageurs s'abandonnant à la Providence, quittèrent silencieusement le tertre qui les avait reçu dans leur sommeil, et qu'ils avaient trouvé délicieux.... Comme la destinée se joue de l'homme!

La fatalité préside à sa naissance; au sortir du berceau, elle s'en empare. Elle promène sa victime de plaisir en plaisir, d'erreurs en erreurs, ou de tourmens en tourmens; elle la conduit, tantôt au milieu d'une route semée de fleurs, tantôt elle l'égare; et voyageur tremblant, osant à peine fixer, et l'espace parcouru, et l'espace qui reste à parcourir, l'homme guidé par ce génie protecteur, ou malfaisant, foule un sol affermi, où tout lui offre de rians tableaux, où le présent fait desirer l'avenir, où le matin est calme, le midi tempéré et le soir enchanteur ! Ou bien un bandeau sur les yeux, (c'est celui de l'erreur) il avance.... avance sans savoir où il dirige ses pas.... Quel but il doit atteindre ! un sommeil vivant s'empare de lui..... Le malheureux espère et ne sort de son songe que pour appercevoir l'abîme entr'ouvert sous ses pas..... Il s'éveille alors.., il frémit. Il veut fuir..., la trace des pas qu'il vient de marquer rappelle ceux qui lui restent à faire..... Mais, vain desir, espoir sans succès...., La main invisible de la fatalité...., Cette divinité, qui veut que tout mortel subisse son arrêt..... lui crie du haut de son trône :

C'est ici que tu dois mourir...... *Ta destinée est écrite là haut*..... Le malheureux lutte.... se débat encore; mais saisi par un bras robuste, il n'a plus qu'un sentiment, celui de la frayeur..... Il est suspendu au-dessus de l'abîme, ses cheveux dressent d'horreur, lorsqu'après un moment de réflexion, il jette les yeux autour de lui, et n'apperçoit qu'un gouffre sans fin..... C'est le labyrinthe des maux, il faut y descendre.... il faut remplir son sort !...

Voyons le respectable Senneville et son épouse, ces mortels si dignes.... si grands, il n'y a qu'un instant, immensément riches, entourés de leur famille..... jouissant du vrai bonheur, s'il en existe sur la terre; voyons les maintenant fugitifs, craignant de jeter des regards en arrière, seuls au milieu d'un désert..... exposés aux injures

jures du temps..... craignant tout, jusqu'aux souvenirs de leur prospérité passée ; et convenons que dans la vie il est impossible de compter sur un bonheur durable.

La nuit silencieuse, suivie de son cortége sombre et léger, se retirait au céleste séjour, pour faire place au blond phœbus.

Les heures vigilantes s'empressaient d'ouvrir les portes de l'Orient ; l'aurore s'avançait, et de ses doux rayons réfléchis avec art, éclairait la surface de la terre, et l'immensité de l'horison, offerte aux regards de Senneville, déploie à ses yeux mille scènes imposantes et sauvages. Dans une perspective lointaine, il découvre de vastes plaines, de riches habitations, et croit encore voir la flamme éclairer leurs débris ; du milieu des ondes, sortent de toutes parts des isles tributaires d'Albion, mille sites agrestes s'offraient dans une perspective éloignée.. Là, le pin orgueilleux, ici le chêne aussi vieux que le monde ; tout cela, animé des rayons du soleil qui ombrageait le verd des feuilles printannières, donnait à la nature une forme pittoresque et nouvelle.

Au mileu du silence, qui n'était interrompu que par ses soupirs, Senneville, les yeux mouillés de pleurs, souffrait moins pour lui que pour son épouse : à ton âge, ma bien aimée, lui disait il, en la serrant contre son cœur, à ton âge, errer au milieu des plaines, épuisée de fatigue, accablée par la douleur, quelle idée déchirante !

O mon Ermina ! si tu voyais les auteurs de tes jours ainsi en butte aux rigueurs du sort ! O mon Ermina ! seul bien qui nous reste au monde !....

Hâtons-nous de la rejoindre, d'aller oublier dans ses embrasemens nos peines, et déposer cette chaîne de maux, que bientôt nous n'aurons plus la force de traîner.

Madame de Senneville, épuisée par la marche et la chaleur, était prête à laisser échapper la vie. Son époux la prend dans ses bras, descend la montagne, et la dépose sur le rivage; il avait oublié ses nombreuses années, et l'amour conjugal avait réchauffé ses organes..... Mais cette épouse chérie ne respire plus..... O mon Dieu! s'écria Senneville, en fléchissant les genoux, tu veux donc me frapper de tous les coups à-la-fois..... Pourquoi réserves-tu ta clémence, si la vertu souffrante n'y a pas des droits sacrés? Daignes te souvenir que mon épouse est mère, et briser le ciseau fatal qui va trancher le cours d'une si belle vie : c'est mériter tes autels, qu'être juste et faire des heureux !

Mais divine providence, tu m'as entendu.... Un soupir vient de s'échapper.... Dieux ! si c'était le dernier...... la nature frémit. Il se précipite sur le corps immobile de son épouse ; sur le bord de ses lèvres, il cherche à respirer son ame, à réchauffer, à reproduire les sources de sa vie... Dieu, une fièvre brûlante..... Oh ! que l'espace qui sépare la vie d'avec la mort, est bientôt parcouru..... Il n'est pas temps encore qu'elle termine sa carrière, il lui reste des heureux à faire, des bienfaits à répandre........ Je tremble de fixer sur elle un regard... et seul, sans secours..... Ah ! s'il est vrai que le malheureux, luttant contre l'adversité, soit un spectacle digne d'attirer tes regards, prends pitié de moi.... Grand dieu ! sauve-là, sauve-là...... Mais son cœur... son cœur..... Ah ! je respire... Je le sens... il palpite sous ma main.... Elle revient, ses regards se tournent sur moi..... Elle m'est rendue... Ah ! je le vois, » jamais en vain on n'a recours à l'é-» ternelle Providence, de ses bien-» faits, je reçois le plus cher. »

Madame de Senneville avait ouvert les yeux, elle apperçoit son époux, et se précipite dans ses bras ! O mon ami ! lui dit-elle, depuis quarante ans, nous n'avons qu'un cœur, qu'une ame, qu'une pensée, nous avons connu le bonheur, mais rien n'est comparable au sommeil paisible, qui vient de me couvrir de ses pavots bienfaisants; il me semblait que tous nos maux étaient finis; je dormais d'un sommeil qui devait être éternel, je n'avais plus de sensations ; si tu n'avais pas été près de moi, mon cœur, je le crois, eut cessé de palpiter, j'aurais déjà franchi les sombres bords ; et s'il est un séjour pour l'ame innocente et pure, à l'abri des malheurs, loin des bourreaux, à l'instant ou je parle, aux Champs-Eliséens, je serais une ombre heureuse, je me réveille... Je sors de ma léthargie, tout disparaît, et je retrouve mes tourmens.... Nos tourmens..... O ! pardonne, mon ami ! ... (Senneville versait des larmes brûlantes, tant ses yeux étaient fatigués d'en répandre.) Pardonne, tu me donnes l'exemple du courage, et j'en aurai ; j'en aurai, je te le promets, l'espace qui nous reste à parcourir pour arriver à la Guadeloupe, est effrayant, il faut des forces, et les miennes sont anéanties.

Depuis vingt heures, nos deux fugitifs n'avaient pris aucun aliment.

Je t'entends, s'écrie Senneville, la faim te tourmente, la soif te dévore.... Mais la nature est bonne, vois ces fruits bienfaisants suspendus à cet arbre, cette source qui coule à nos pieds....

Un mouvement de joie s'empara de nos voyageurs, lorsquils firent cette découverte; mais l'espoir qui les berça dans le premier moment s'affaiblit bientôt, lorsque leurs regards mesurèrent la hauteur de l'arbre; il fallait gravir un roc escarpé, et atteindre ensuite le fruit desiré.

Mais l'amour conjugal peut tout, et Senneville, avec ses soixante ans, se mit en devoir de gravir ce roc difficile.

Aux premiers pas qu'il fait, ses forces l'abandonnent et il retombe, son épouse s'oppose à ce qu'il fasse de nouveaux efforts, mais inutilement; rappelant son courage, il essaie de nouveau, déjà il est presque au sommet du rocher, quand une pierre énorme s'écroule sous ses pieds, il embrasse fortement le tronc d'un arbre, que les vents avaient déraciné, et attend pour ainsi dire un miracle qui lui donne la force d'avancer.

Les dieux le lui devaient, et ils le firent en sa faveur, il est sur le sommet du rocher. Ce respectable vieillard, contemplant son épouse, que la crainte et l'espoir agitaient tour-à-tour, lui crie : Encore un instant, ma bien aimée, et j'aurai de quoi prolonger notre existence! il dit, et déjà ses bras enlacent l'arbre chéri..... La branche faiblit.... le courage abandonne Senneville....... son épouse frémit...... elle s'accuse de sa perte......; un abyme est sous ses pas, et c'est l'amour l'amour qui va l'y précipiter ! ..... mais le fruit appelle la main qui doit le cueillir, la nécessité donne des forces, la branche surchargée se courbe, fléchit sous ce dernier effort, et se laisse dépouiller.

Madame de Senneville fait un cri de joie ! .... quelques momens de triomphe sont réservés à la vertu, et Senneville est bientôt dans les bras de son épouse, chargé des dépouilles qu'il vient de conquérir.

Assis sur le bord du rivage, ils dévorent ces fruits délicieux, l'eau d'une source pure, les désaltère ; et leurs forces une fois réparées, ils continuent leur route avec l'ardeur d'un passager, qui, lancé sur une mer orageuse, voudrait voir voler le vaisseau qui le porte, et qui doit le conduire au port, objet de tous ses desirs.

Plus ils s'éloignaient d'un lieu où

rien ne pouvait les retenir, et où ils avaient été prêts de périr, plus la tranquillité renaissait dans leurs ames.

Le jour était sur son déclin, quand ils arrivèrent dans une petite bourgade, distante de trente lieues de leur habitation ; ils y passèrent la nuit, et leur sejour n'y eut rien de remarquable. Le lendemain, dès la pointe du jour, ils se remirent en route. Senneville, au moment de son départ, avait peu d'or sur lui, et il voyait chaque jour, avec peine, diminuer cette dernière ressource. Comment s'en procurer de nouvelles ? Encore s'il était seul ; mais son épouse l'inquiétait : le sort qui l'attendait le faisait trembler. Une femme, qui toujours avait vécu dans l'aisance, être réduite peut-être à implorer la pitié de ses semblables ! Retourner sur ses pas, regagner ses foyers, impossible..... Ce projet était rejeté par la raison..... C'était vouloir contempler le séjour des crimes, bien sûr de ne trouver à son retour que des ruines. Des amis..... ils avaient sûrement tous été persécutés comme eux ; car, dans cette lutte fanatique et sanguinaire, il n'y avait que deux partis à prendre ; il fallait être ou bourreau, ou victime.

Le plus sage était donc de poursuivre, et de s'abandonner à la destinée ; par-tout où ils passaient, ils apprenaient de nouvelles horreurs !

Le troisième jour de leur marche, la nuit les surprit au bord de la mer. Tout-à-coup le ciel s'obscurcit ; la nuit devance son retour ordinaire, et envahit l'immensité. La nue, fatiguée de receler l'orage, se brise, le vaste sein de la mer n'offre plus qu'écueils sur écueils, et torrens sur torrens; les flots pressés, s'elancent jusqu'aux cieux, et la vague mugissante va, pour ainsi dire, se mêler au feu du ciel.

Senneville et son épouse se retirent sous un rocher, et, dans le silence, contèmplent ces horribles merveilles de la nature. (1)

Grands Dieux ! s'écrie Madame de Senneville; si quelque vaisseau approche ces tristes bords, mon ami, sa perte est certaine : l'orage redouble!.... Le ciel est en feu!.... Une commotion universelle s'opère ; le génie des tempêtes a quitté ses cavernes, il bouleverse les ondes...... Le génie de la destruction s'asseoit sur les flots..... Ses victimes approchent peut-être! Quelles impressions

(1) Ce que Vernet, le fameux peintre, appelait de belles horreurs

profondes ce spectacle laisse dans mon ame!

N'entends-tu pas les cris des matelots!..... Dieu! la foudre éclate; l'orage s'accroît encore.... Le roc, sous lequel venaient de se refugier Senneville et sa femme, est prêt à les écraser.... Quelle nuit!....

Après quatre mortelles heures; pendant lesquelles nos voyageurs avaient été à l'abri sous leur rocher protecteur, frémissant toujours que la foudre ne vint les atteindre, l'horison devint plus pur; les nuages amoncelés se séparèrent; un vent frais vint raffraîchir l'air, et l'atmosphère devint plus calme.

Ils sortirent alors de leur retraite; et, tout-à-fait remis de la frayeur qu'avait pu leur inspirer cette scène imposante et terrible, ils suivirent cette rive funeste, où le génie de la destruction avait sans doute jeté quelques victimes.

Ils avançaient, l'imagination frappée de ces suppositions douloureuses, quand ils apperçurent à quelques pas d'eux, les débris d'un bâtiment, des voiles, des mâts mutilés, que la vague avait rendu à la terre. Tout a péri! tout a péri!

Plus de doute, s'écrie Senneville! Sur ce mât brisé, peut-être quelque malheureux a-t-il essayé de se sauver, peut-être a-t-il long-temps lutté contre la mort. Oh! mon amie, si sur cette plage, une victime de cette horrible tempête respirait encore, et que nos secours pûssent la rappeler à la vie, nous les lui devons! Oui, répond madame de Senneville, les malheureux se doivent des secours mutuels.

Le ciel était magnifique, et la

lune, avec ses rayons argentés, répandait autour de nos voyageurs une clarté brillante. Senneville avance lentement ; à chaque objet qui frappe ses regards, il croit voir un malheureux à soulager, et son cœur tressaille de plaisir !

Plus il approche, plus il acquiert la preuve que quelque bâtiment a fait naufrage sur ces bords. Cependant il cesse de rencontrer des débris, et renonce presqu'au bonheur d'être utile à quelqu'infortuné naufragé..... Peut-être, dit-il, tous ces passagers auront-ils échappés à la fureur des flots. Cet espoir consolant ranima son cœur, et, plus tranquille, ce couple intéressant poursuivit sa marche.

Mais leur tranquillité ne devait pas être de longue durée, et le vœu le plus cher de ces deux époux devait être accompli.

Des cris faibles et mourants partent du creux d'un rocher, l'écho les répète douloureusement, Senneville doute d'abord... Mais il écoute, cherche à deviner l'endroit d'où sortent ces cris de mort qui retentissent jusqu'au fond de son cœur : c'est un infortuné.... Mais où gémit il..... Nos voyageurs errent long-tems avant de trouver; enfin ils arrivent près du rocher qui recèle le malheureux Artus naufragé.

Ils entrent : dieu! quel spectacle! Un homme à la force de l'âge et de la phisionomie la plus douce, la nature semblait avoir pris plaisir à dessiner ses formes d'une main hardie, mais il était sans mouvement; le froid du marbre l'environnait, la pâleur se répendait sur tous ses traits et la mort semblait reclamer sa proie, ses cheveux épars dégoûtaient encore, et il serrait fortement quelque chose contre son cœur.

Oh! mon ami, dit Madame Senneville, tout espoir est perdu, il ne respire plus.... le sang ne circule plus.... la vie est retirée dans son dernier azyle....

M. de Senneville lui fait respirer quelque goutte d'une eau bienfaisante qu'il portait toujours avec lui. Le remède opère; le malheureux fait un mouvement couvulsif.... puis il retombe. Senneville, à son tour perdait toute espérance, quand soulevant lentement sa tête et sortant pour ainsi dire du gouffre du trépas, il ouvre ses yeux éteints, fixe un instant les objets qui l'environnent; mais toujours muet, et sans force: Madame de Senneville s'asseoit près de lui, pose sa tête sur ses genoux. Là le malheureux s'endort... Un instant d'un sommeil tranquille va le sauver, s'écria Senneville.... Il faut l'envelopper soigneusement et réchauffer ses membres glacés par le froid de la mort!

Quel tableau! un vieillard de soixante ans, une femme du même âge, deux êtres faibles, errants depuis quatre jours, à peine échappés eux-mêmes des mains de leurs bourreaux, sans ressources, enfin les plus infortunés des mortels, oubliant leurs propres malheurs et jettes sur le rivage, s'occupant à soulager leur semblable à lui sauver la vie!... Voyez cette scène touchante et sublime, et devenez vertueux vous qui ne l'avez jamais été!

L'objet de tant de soins, en sortant de ce sommeil paisible, fit voir des yeux épais et féroces, il les promène autour de lui, et s'écrie: quoi! j'existe encore; mais sa fureur augmente, il se lève avec force, et fixant Senneville.... Oui, lui dit-il.... elle est là.... (en montrant la mer.) elle est là! Tous les élémens, d'accord avec le génie des orages, se sont joints pour me l'enlever; en vain Neptune à voulu combattre pour moi, son trident s'est brisé... Tu es un homme, toi!.... Ah! prends pitié de ton semblable.... rends la moi.... que je connaisse encore de beaux jours... Insensé... je desire... de beaux jours, il n'en est plus pour moi, le soleil se lève vainement, vainement il resplendit sur ce globe, la nature entière n'est plus pour moi qu'un vaste désert.... Je ne la verrai plus, mon ami.... je ne la verrai plus.

Tiens, tiens, contemple son image..... Quand à moi, mes yeux ne peuvent plus se fixer sur ce portrait adorable; mais il est gravé dans mon cœur!...

Il couvre de baisers ce portrait qu'il tenait étroitement serré contre son sein ; à l'instant M. de Senneville l'apperçoit étendu dans le creux du rocher.

C'était celui d'une femme jolie et à la fleur de ses ans. Madame de Senneville fondait en larmes.

Mais admirez donc ses traits..... Jamais rien de plus beau s'offrit-il à tes regards !.... Elle était à moi !... à moi pour la vie !.... Les dieux me l'avaient fait rencontrer, l'enfer me la ravit !

Les accens déchirans de ce malheureux pénétrèrent Senneville de la tristesse la plus profonde, et il mêla ses larmes aux pleurs de son épouse.

Heureux Artus ! s'écria l'infortuné ! Heureux Artus !....(c'était son nom) on te plaint.... Ils lui rendent justice ; eh bien, mes bons amis, celle que vous pleurez, mon trésor, ma bien-

aimée..... celle que j'appelle en vain...
elle est perdue.... perdue pour jamais...
Vous le voyez, je n'ai pu périr avec elle..... mais rejoignez-moi à elle; percez-moi le sein.... Dieux! qu'ai-je dit!.... Ah! ne m'écoutez pas.... En me perçant le sein vous pourriez déchirer son image...... Rassemblez ses cendres..... Que sur son urne chérie je plante un cyprès, et que je le voie grandir arrosé de mes pleurs!

Artus ne sortit de ce délire, que pour verser un torrent de larmes: sa poitrine était oppressée; et ce tribut de pleurs, encore une fois payé au souvenir d'une femme chérie, par degré la raison reprit son empire, et le calme de l'ame, du moins un calme momentanné, lui fit reconnaître les soins qu'on lui prodiguait.

Ah! sans toi, respectable vieillard, dit-il, s'adressant à Senneville, ç'en était fait, je n'existais plus ; pourquoi m'as-tu ravi au trépas? ta pitié généreuse est mon plus grand supplice.

Ce n'est pas à moi, malheureux Artus, que tu dois la conservation de ton existence; c'est une voix invisible qu'il te faut adorer, qui a ordonné à la mort de t'épargner, et au gouffre des mers de restituer sa proie !

Artus veut répondre; mais des larmes se pressent encore sous ses paupières, et Senneville lui dit, avec tout le respect qu'on doit à la suprême douleur..... Mon ami, quel chagrin si profond est l'objet de tes pleurs? tu peux t'ouvrir à moi. Aussi malheureux que toi, je sais compatir aux maux des infortunés; il me reste des larmes pour tes larmes, des gémissemens pour tes gémissemens : nous pleurerons ensemble. Deux infortunés qui se racontent leurs peines et mêlent leurs pleurs douloureux, souffrent moins.

— Te raconter mes malheurs!.... Tu n'es donc pas fatigué de répandre des larmes. O mes amis! depuis quatre heures que je suis sur ce rivage...... Mes chagrins! je les ai appris aux échos de ces rives... « Je l'ai nommée, » j'ai prononcé son nom autant de » fois que j'ai pu articuler le moindre » son. O mon Emilie! toi seule oc- » cupes mon cœur et ma pensée! »

Mes chagrins! j'en ai instruit l'univers; ils sont de nature à être éternels: la plaie saignera toujours...... et si quelque chose pouvait la fermer, c'est l'amitié et ses soins touchans; c'est vous, mortels vertueux et rares! Il se jette dans les bras de Senneville, et y reste un instant presque sans connaissance.

En sortant des bras de Senneville,

la première chose qui frappa ses regards, ce fut le portait de son Emilie, qui s'était détaché de son col, et était tombé sur le rivage. Dieux ! s'écrie-t-il, j'allais le perdre...... Je n'ai plus que toi dans le monde ! Nous ne nous séparerons jamais : là, sur mon cœur..... la place est fixée.... Insensé ! que dis-tu ? ces traits te rappelleront sans cesse une femme qui n'est plus... Eh bien, vous le voyez, mes amis, tout s'unit pour me le faire entendre.... d'une femme qui n'est plus.... Oui, oui, vous avez raison ; elle est perdue!.. perdue pour jamais...

Senneville et son épouse prenaient pitié de l'état du malheureux Artus ; mais sa raison s'égarait, et le plus sage était de laisser agir cette fièvre délirante, qui, par degré, le rendrait à lui-même.

Artus, dans son délire, s'adressa

à

à Senneville. Tu as desiré de connaître le sujet de mes chagrins, la source de mes larmes : eh bien! apprends-le ce fatal secret, et connais enfin toute l'horreur de mon sort!

Tu le vois, je suis au printemps de mes jours : eh bien! à l'aspect d'Emilie, mon cœur fut ému ; la plus douce, la première impression circula dans mes veines ; son influence divine me fit tressaillir de joie, me rendit toute ame! Je jouissais du plus haut degré de félicité auquel il soit permis à l'homme d'atteindre ; je voyais mon amour payé du plus tendre retour. Tu vois quel fut mon bonheur ; juge de mon désespoir.... Mon Emilie.... ma vie.... mon bien suprême, ce chef-d'œuvre de la divinité.... tout est là.... les flots viennent de nous séparer pour jamais.... Mais le ciel est témoin que j'ai desiré la suivre, et mourir avec elle; mais la destinée, plus forte que mes desirs, a voulu prolonger mes jours pour doubler mon supplice..... Il voulut poursuivre, mais les sanglots interrompirent ce récit funeste; et après un instant de silence, rappelant son courage, il poursuivit :

Les nœuds les plus sacrés venaient d'unir Emilie Hasteley à votre malheureux ami. Possesseurs d'une fortune immense, tout semblait nous présager le sort le plus flatteur; nous aimions le présent, nous desirions l'avenir; mille idées délicieuses nous occupaient tour-à-tour. Mon Emilie, à peine mariée, rêvait déjà les charmes de la maternité, et voyait son bonheur futur dans la perspective la plus rapprochée. Nous jouissions, depuis deux mois, de cet état de félicité qui n'a rien de comparable, lorsque nous reçûmes une lettre de Saint-Domingue : elle était du père d'Emilie. Sentant approcher sa fin, il voulait encore sourire à son Emilie, sa fille unique, et lui dicter ses dernières volontés. L'idée de la fin prochaine de ce père adoré, nous pénétra de douleur, et nous résolumes de nous rendre auprès de lui, pour emporter au moins sa bénédiction : la bénédiction d'un père est un trésor pour ses enfans ! Le jour du départ est fixé ; le vaisseau se balance sur l'onde impatiente..... Le vent est favorable ; les voiles s'enflent, et déjà nous perdons de vue la rive natale.

Pardonnez, mes amis, si mes sanglots interrompent à chaque instant ce douloureux récit.

Laisses-les couler ces larmes, reprit Senneville, elles ne déshonorent pas le visage de l'homme ; elles purifient son ame, et celui qui peut se consoler, n'a jamais aimé.... Quand l'amour fut véritable, la douleur doit être éternelle. Ta douleur est légitime, car la cause m'en paraît auguste; et j'aime à voir la raison s'unir à la tendresse, pour arroser de larmes les cyprès qui ombragent le silencieux séjour où repose l'objet aimé.

Si, privé de tout ce que tu aimais, l'œil sec, tu avais pu supporter sa perte, tu aurais passé à mes yeux pour un mortel déçu, et indigne d'offrir à l'humanité un asyle dans ton cœur : par-tout où l'on voit l'amour vertueux et la pitié, elle se plaît à se trouver. Tu as, dans moi, un ami véritable, et qui ne s'estimera heureux que, lorsqu'à force de consolations, il aura pu non pas fermer la plaie, la plaie d'un cœur noble, généreux ; mais du moins y verser le beaume consolateur de l'amitié. Tel fut le langage de Senneville. Artus le prit pour une divinité descendue sur la terre, pour essuyer ses pleurs: mais il faut achever ce triste récit.

Le vaisseau vogue d'abord dans une paix profonde; des cris de joie retentissaient aux deux bouts du rivage, et cet Océan sans fin, s'énorgueillissait de porter l'amour. Déjà nous nous perdions en conjectures charmantes : déjà mon Emilie se croyait dans les bras de son père; elle se voyait mourir dans ses embrassemens : déjà il m'avait appelé son fils, son bien-aimé!.. il m'avait fait jurer le bonheur de son Emilie. Derniers appuis de sa vieillesse, nous guidions, nous protégions sa marche lente et solitaire. Au déclin d'un beau jour, ce bon père au milieu de nous, avares d'un si beau trésor, nous traversions les plaines, persuadés que la nature nous couvrait de ses regards, et applaudissait à la tendresse filiale. Ces idées délicieuses, ces sensations qu'on ne peut définir, ce songe de l'ame, cette illusion éloignée, mais que l'imagination rapproche, dont elle compose le bonheur lui même : tel était l'aliment de notre cœur, pendant une traversée jusqu'alors superbe : mais tant de félicité ne nous était pas réservée, et la coupe des chagrins, qui jamais ne nous avait été présentée.... va nous être offerte !

O mon ami ! mon père ! te dirai-je le reste. Senneville l'encouragea par un sourire amical, et Madame de Senneville l'en pria.

L'orage se déclare..... il grossit ; l'air mugit ; les vents s'échappent de leurs antres voraces, et sifflent sur nos têtes ; le vaisseau ne tient plus qu'une route incertaine : tantôt il est porté au sommet des rochers, tantôt l'abyme a l'air de s'entr'ouvrir pour le recevoir. Quelle scène ! les voiles sont déchirées, et s'envolent en lambeaux ; les mâts sont mutilés, les matelots abattus, les passagers tremblans, le pilote, sans boussole et sans génie, s'abandonne au gré des vents. Le feu du ciel semble dévorer l'espace ; moi-même, saisi de frayeur, je cours vers mon Emilie..... Elle se jette dans mes bras.... son cœur porte sur mon cœur, et leurs battemens se répondent ; à peine elle peut prononcer un mot, et ce mot c'est : Grand Dieu ! sauvez mon époux. O mon ami !.... tu juges de ma situation ! Quel supplice fut jamais comparable au mien ! . Une épouse expirante dans mes bras... faisant de vains efforts pour la rappeler à la vie... privé de sécours ; dans un pareil danger, chacun veille à sa propre conservation..... chaque secousse porte la terreur dans l'ame de tous les gens de l'équipage.

Moi, toujours pressant mon Emilie sur mon cœur, j'attends, avec résignation, le coup qui doit me frapper, et trancher mon existence, au moment où tout se réunissait pour l'embellir.

J'étais dans cette situation pénible, quand une vague, fondant sur le tillac, s'étend et me renverse, avec mon Emilie, dans le fond de l'abyme. La secousse est terrible, et en me précipitant au milieu des flots, mon Emilie est arrachée de mes bras par une force irrésistible, et cette masse criminelle la fait disparaître à mes yeux.

La lame perfide a déjà mis un intervalle

intervalle immense entre l'épouse et l'époux. Un débris du vaisseau s'offre à moi; je m'en empare.... c'est une planche dans le naufrage. Mais je suis encore réservé à des coups plus terribles; les destins n'ont pas épuisé sur moi toute leur rage. Déjà l'espoir d'atteindre le rivage se présente; mais Emilie n'y sera pas en même-temps. Malgré moi, une main invisible veut m'arracher à la mort: la vague m'élève, et j'apperçois ma malheureuse épouse luttant contre le trépas.... Elle jette un cri.... c'est un cri de mort; il retentit jusqu'au fond de mon cœur, et se prolonge sur cet Océan de calamités..... Elle disparaît..... Mon ami, vous dire le reste est impossible! A cet endroit, sa voix est étouffée...... et son œil sec ne trouve plus de pleurs...... Il se précipite à genoux, et les mains tendues vers le ciel..... il reste sans mouvement, dans l'attitude effrayante du désespoir, d'un désespoir horriblement silencieux.

Lorsque Artus fut en état de marcher, Senneville le détourna du projet qu'il avait de se rendre à Saint-Domingue ; il lui apprit les malheurs de cette triste Colonie, et sa propre histoire. Artus, à son tour, donna des pleurs à son bienfaiteur : Artus avait échappé au naufrage avec sa ceinture pleine de guinées.

Il ne tarda pas à être instruit par Senneville et son épouse, de leur triste situation. O mes amis ! s'écria-t-il, le ciel ne m'a donc pas tout ravi, puisqu'il m'a laissé le pouvoir d'être utile, de rendre à la vertu compâtissante, les secours dont mon cœur est jaloux. Oui, mes amis, oui, mon père ! Il se jeta dans les bras de Senneville, et y resta quelque temps à mouiller de ses pleurs les mains de son libérateur. Respectable vieillard, ajouta Artus, français vertueux, digne de ta nation ; je la reconnais dans toi ; je l'honore dans tes vertus, et je l'admire dans ta pitié généreuse. Payer tes services, n'est pas en mon pouvoir..... De l'or..... j'ai des trésors à t'offrir ; mais c'est trop peu pour tant de bienfaits, ma vie entière ne suffirait pas pour m'acquitter envers toi.

N'en parlons plus, dit Senneville, en l'interrompant ; j'ai fait mon devoir, en te tendant une main secourable ; tu feras le tien, en accordant à moi et à mon épouse, ton amitié et ton estime. — Une place dans mon cœur, auprès de mon Emilie, elle vous est dûe, et déjà vos images y prennent place auprès de la sienne.

Rentrons à la Jamaïque, j'y ai des parens, et vous y serez reçus comme mes sauveurs et mes amis. Où portez-vous vos pas ? — Nous nous rendons à la Guadeloupe, auprès d'une fille adorée, que nous avions envoyée chez mon frère, un des riches propriétaires de cet établissement.

Voilà donc nos trois voyageurs continuant leur route ; mais un peu plus commodément, car Artus avait beaucoup d'or, et le prodiguait à chaque instant pour ses compagnons. A quelque mille de la Jamaïque..... dans une isle enchanteresse par sa situation, et remarquable par la variété de ses sites, nos voyageurs s'arrêtèrent pendant deux jours. Madame de Senneville, qu'un voyage pénible, les secousses violentes dont elle avait été frappée, et son extrême faiblesse, avaient mise aux portes du tombeau, fut obligée de séjourner pendant ce peu de temps : sentant ses forces revenues, elle se décida à partir. Nos trois amis traversaient l'isle, d'un pas ralenti, pour examiner la nature dans toute sa richesse, et parée de tous ses attraits ! Des habitans gais, actifs, laborieux, tels étaient leurs hôtes ! et tels ils auraient desiré de voir tous les hommes !... Après un dîner frugal, pris à la hâte, ils allaient enfin quitter ce séjour enchanteur, et se préparaient des regrets : ce qui avait frappé leurs yeux, avait passé dans leur ame, et cet aspect délicieux leur faisait redouter l'instant où ils ne jetteraient plus que des regards rétrogrades sur ce beau séjour, où ils seraient bien restés plus long-temps ; mais Artus était impatient d'arriver à la Jamaïque, et M. et Madame de Senneville devançaient, par leurs desirs, l'instant qui devait les réunir à leur Ermina.

Ces mortels, que le malheur avait réunis, semblaient, par le récit de leurs infortunes respectives, par les pleurs qu'ils avaient répandus sur leur sort, avoir presqu'éloigné le souvenir du passé : ou du moins, en se répétant vingt fois ce qu'ils s'étaient déjà dit, ils nourrissaient leur douleur dans le calme de l'amitié, et leurs maux réunis devaient leur sembler plus légers : entre les malheureux, la confiance est un besoin, la plus entière était établie parmi nos trois héros ; et glorieux de cette intimité, ils s'avançaient vers le moment qui devait encore les rendre temoins d'une scène plus douce que la précédente.

Encore une belle allée d'arbres à parcourir, et ils étaient sortis de l'isle, lorsque sous cet abri touffu ils apperçurent un grand nombre d'habitans rassemblés, et au milieu d'eux une femme..... belle et jeune, qu'on écoutait avec avidité, et qui attirait tous les regards. Artus, toujours pensif, ne s'appercevait de rien; M. de Senneville lui fit remarquer qu'ils approchaient du lieu de la scène; Artus sortit avec peine du labyrinthe de réflexions dans lequel il était plongé, et porta sa vue vers le lieu que M. de Senneville lui désignait.

Il voit cette femme, que tout le monde entourait; il fit un cri de joie...... et eut l'air de porter toute son ame vers ce grouppe tumultueux.

Mon ami, s'écrie-t-il, en se jetant dans les bras de Senneville, mais toujours les yeux fixés sur le lieu qui appelait et son cœur et ses regards!... mon ami..... est-ce que je me trompe?... est-ce que mon délire m'est rendu?... est-ce qu'il me serait encore possible de croire au bonheur?... Sortirais-je des bras de l'amitié pour me précipiter dans ceux de l'amour..... Senneville n'entendait rien à ces mots sans suite, et auxquels il ne pouvait trouver d'objets....

C'est la douleur qui trouble sa raison, se disait-il. Un souvenir a échauffé son ame et embrâsé son imagination. C'est un rayon d'espérance qui a lui au fond de son cœur; c'est une chimère qui s'empare de son esprit. Le malheureux! il la carresse..... il se complet dans son erreur..... revenu à lui, la réalité va l'effrayer..... Que je le plains!

Artus était resté immobile.....

Mais sortant de cette léthargie..... Non, répète-t-il, ce n'est pas une illusion. Voyez pourtant, mon ami..;

voyez comme.... le destin, comme les dieux se jouent de mon délire; j'ai cru la voir au milieu de ce grouppe.... Est-ce que la mer aurait lâché sa proie? O mon Dieu! tu me devais ce miracle! tu le devais à l'amour malheureux; mais insensé, est-ce que les dieux s'occupent de moi, atôme imperceptible sur ce globe, savent-ils si j'existe, si je porte un cœur déchiré par tous les maux!... Insensé, qu'oses-tu dire! oui, ils s'occupent de toi; oui, ils t'ont honoré d'un regard de pitié; ils connaissent tes nombreux malheurs; ils ont vu la plaie de ton cœur, puisque dans une vision...... car ce ne peut être une réalité.... N'est-ce pas, mon ami, ce n'est pas une réalité.... tant de bonheur n'est pas le partage d'un mortel.... Dans une vision, ils m'offrent les traits de mon Emilie.... Vois là-bas au milieu de ces bons habitans.... cette femme.... cette figure céleste, qui réunit tous les traits de mon épouse....

Mais, malheureux! à peine peut-on la distinguer.... Si, mon ami.... je la vois, je la vois bien.... c'est le portrait de mon Emilie.... ouvres mon cœur, et tu verras que la ressemblance est parfaite. Mais tout se réunit pour éterniser ce songe délicieux et pénible!... Ses regards se sont arrêtés sur les miens..... Ses regards!.... ce sont ceux d'Emilie..... Elle sourit..... c'est le sourire de mon Emilie!.... mon cœur la divine; c'est elle..... avançons;..... mais je ne puis..... mes pieds se fixent à cette place..... du courage..... avançons..... Insensé..... comme je me flatte..... comme je prends l'image du bonheur pour le bonheur lui-même, et l'espérance pour la certitude.

Ah ! pardon, respectable vieillard, le réveil de ma raison a détruit ces illusions brillantes..... Mais quittons ce séjour.... A peine ont-ils fait quelques pas, que déjà ils ont atteint le grouppe, objet de tant de tourmens.

Artus était resté un peu en arrière, et ses amis l'attendirent près de ces bons habitans. Il se hâte de les rejoindre; il approche du grouppe.... Il se mêle parmi les spectateurs. La foudre est moins rapide que l'elan de son cœur.... Il écarte tout le monde.... on dirait d'un furieux qui se jette sur sa proie; nommer Emilie, la serrer contre son cœur, la couvrir de baisers est l'affaire d'une minute. Senneville, les habitans de l'isle, tout le monde reste en extase, en attendant l'issue de cette scène neuve et imprévue. Eh bien, mon ami.... ce n'était pas un songe; ce n'était pas une illusion....

C'est elle ! c'est bien elle !... Tout ce que je regrettais, tout ce que je pleurais, ma vie, mon ame, le charme de mon existence, Emilie m'est rendue ! Ces paroles furent prononcées avec l'accent de l'ame et le délire de l'amour; ce spectacle arracha des pleurs...... Senneville et son épouse s'applaudirent de voir enfin les maux d'Artus terminés.

On s'interrogeait..... sans pouvoir se satisfaire. Au moment où Artus est arrivé, Emilie allait raconter son histoire à ses protecteurs.

Pendant ce mouvement général, ces deux tendres époux étaient restés dans les bras l'un de l'autre, et ne pouvaient s'en arracher; leurs ames réunies étaient plongées dans une source de délices qu'on sent bien, qu'on exprime jamais.

O mon ami, mon époux, mon

Artus! dit Emilie, quand ses forces lui permirent de parler, tombons aux pieds de mes bienfaiteurs, c'est à eux que je dois le bonheur de te revoir, de te serrer contre mon cœur !... Ces dieux tutélaires ont conservé ton épouse!..: Artus n'avait plus de sentimens, n'éprouvait plus de sensations ; son ame était passée dans celle d'Emilie, et des torrens de pleurs furent les interprêtes de sa reconnaissance.

Il ne faisait que répéter : tu m'es rendue ! tu m'es rendue !.... Oui, mon ami, laissée sur le rivage, lorsque cette tempête horrible nous jeta dans l'abîme, et que la vague homicide m'arracha de tes bras, luttant contre les flots, contre le tonnerre, contre la nature entière ; mon courage et la vague écumante, ou bien quelque divinité me portèrent sur le rivage, m'y portèrent mourante..... Je fus recueillie par ces braves habitans...:

Quels soins ils me prodiguèrent! il faut les éprouver pour s'en faire une idée.... lorsque je fus tout-à-fait remise.... ils me prièrent de leur apprendre et mes malheurs et mon naufrage; j'allais satisfaire leur impatience généreuse, lorsque tu as paru!..... elle ne put achever; les expressions manquent dans de pareils instans, et le silence du cœur est au-dessus de l'éloquence.

Artus apprit à son tour à Emilie comment, après une lutte pénible, il avait échappé à la fureur des flots, et comment, graces aux soins touchans et parternels de M. et Madame de Senneville, il avait ressaisi la vie aux portes du tombeau.

Il lui apprit les revers nombreux de ses nouveaux amis, et avec quelle grandeur d'ame, quelle généreuse compassion ils avaient oublié leurs propres malheurs, pour voler à son secours ! Émilie demanda à M. et Madame de Senneville la permission de leur témoigner sa reconnaissance, et les plus doux embrassemens mirent fin à une explication qui ramenait le calme et la félicité dans l'ame de tous les spectateurs.

Chacun était content de son ouvrage, et Senneville éprouvait cette jouissance de l'ame, ce bonheur parfait qu'on éprouve par une bonne action, et le plaisir inexprimable réservé au bienfaiteur qui contemple les heureux qu'il a faits; le présent étouffait des souvenirs cruels, et le passé s'effaçait presque dans ses momens enchanteurs.

On contemplait ces deux jeunes époux, réunis après de si grands dangers, et se retrouvant dans les bras l'un de l'autre, quand chacun avait pleuré la perte de l'objet qu'il ne croyait plus revoir. Emilie ne savait comment reconnaître tant de soins et d'égards, et Artus offrait à Senneville le tribut de deux cœurs qui jouissaient d'un bonheur inaltérable, et l'ouvrage de ce généreux vieillard.

Les bons habitans ne voulurent pas les laisser partir le même jour; il fallut achever la journée sous ces toîts hospitaliers; nos voyageurs n'eurent pas de peine à y consentir.

Artus se livra à sa générosité ordinaire. Il s'adressa à celui qui avait reçu son Emilie dans sa cabane, et lui dit : « généreux compatriote, je » te dois plus que la vie, puisque tu » m'as rendu l'épouse la plus chérie. » Au nom du lord Artus, je te fais » cent livres sterling de pension ; » crois que ma parole sera sacrée, et

» que

» mes enfans auront autant de plaisir un jour à payer cette dette à tes descendans, que j'en éprouve à t'offrir cette preuve de ma reconnaissance et de mon amitié. Le souvenir de ce jour ne s'effacera jamais de ma mémoire.... de notre mémoire, et je te citerai pour exemple à tous les hommes qui prétendent qu'il n'est plus de vertus, et je les ferai rougir de leur erreur. »

Je fais plus ; je lègue aux habitans, tes compatriotes, une somme de vingt livres sterling, pour célébrer chaque année l'anniversaire de ce jour prospère.

Les bienfaits de lord Artus répandaient la joie et le bonheur dans l'isle ; et la première des fêtes qu'il venait d'instituer commença : nos voyageurs y assistèrent ; la gaîté y régna avec l'aimable bienfaisance, et on se quitta le lendemain à la pointe du jour, satisfaits les uns des autres.

Les habitans reprirent leurs travaux, et nos amis la route de la Jamaïque.

Arrivant à la Jamaïque, Artus conduisit ses bienfaiteurs chez le lord-commandant, son oncle; ils y furent reçus avec distinction, et comblés des attentions et des bénédictions de toute la famille d'Artus. M. et Madame de Senneville firent route pour la Guadeloupe.

Ils arrivèrent sans aucuns dangers, et furent bientôt dans les bras d'une fille chérie, qui, si long-temps, avait souffert de leur absence. Le récit douloureux de leurs malheurs, le long trajet qu'ils venaient de faire à leur âge, tout fit couler les pleurs de leur Ermina.

Ils passèrent un an à la Guadeloupe. Ermina avait aussi ses chagrins; car Florello, officier français, venait d'être appelé à son régiment, et avait annoncé à son Ermina, qu'il ignorait quand le destin des combats le rendrait à son amie.

Cependant M. de Senneville songeait à conserver le peu de fortune qui lui restait : il avait au Cap de belles propriétés, et il se résolut à s'y rendre. Les premiers massacres venaient de cesser; et son sort futur, celui de son Ermina, exigeait qu'il retournât sur les lieux.

Il partit donc avec sa famille et la fidèle Betzi, qui n'avait jamais voulu quitter Ermina.

Arrivés au Cap, il le trouva presque désert; la flamme avait brûlé le sol, et le fer, détruit des milliers de colons. Des noirs étaient à la tête du gouvernement : si l'on peut appeler gouvernement, un rassemblement de furieux, de brutes, d'hommes déçus, qui, yvres de vengeance, étaient glorieux de dicter des lois.... des lois!... peu leur importait de régner sur des débris, sur des monceaux de cendre!... Ils régnaient!...

C'est alors que l'infâme Toussaint-Louverture parut à leur tête. J'ai déjà tracé le portrait de ce personnage horriblement fameux, qui joignait la bêtise, à l'amour-propre, l'hypocrisie à l'impudence, et s'entourait de scélérats secondaires. Parmi ces machines sanguinaires, l'indignation nomme un certain Christophe que Toussaint-Louverture affectionnait particulièrement. Jadis esclave, ce Christophe, avait été un des premiers, non pas à desirer la liberté, ce présent des Dieux; mais à lever l'étendart de la révolte, et à frapper le premier, pour enseigner aux autres noirs le chemin des forfaits, où ils n'étaient que trop disposés à se traîner.

Des vexations sans nombre s'exerçaient sur les malheureux Colons!... On leur faisait envisager que c'était par grace qu'on leur avait laisse la vie.

Les commissaires français, qui étaient alors dans les Colonies, furent victimes, ou obligés de s'enfuir, pour se dérober à l'autorité de Toussaint-Louverture : on ne croira jamais à quel point cé rebelle s'était emparé de tous lês esprits ; tous ces noirs indisciplinés tremblaient sous lui : un geste, un regard de Toussaint, imposaient silence à cette meute de bourreaux.

Toussaint-Louverture songeait à jeter les fondemens de sa fortune. Entouré de dépouilles, il pouvait la grandir à chaque instant ; c'est aussi ce qu'il ne manqua pas d'exécuter.

Sorti de cet état de bassesse, où il aurait dû toujours rester pour le bonheur de l'humanité, il devint ambitieux; et, à peine sachant lire, il prit seul les rênes du gouvernement.

Déjà la France regrettait d'avoir accordé cette liberté illimitée à ces Africains vindicatifs et traîtres; déjà le récit de leurs attentats, effrayait nos législateurs : mais il n'était plus temps de se repentir d'avoir fait de belles phrases, d'avoir fait retentir la tribune de ces mots fameux : Ce sont nos frères ! des hommes comme nous !

Les tigres étaient lâchés, et l'impossibilité de les museler, devenait chaque jour plus effrayante !

Les troupes françaises qui étaient alors aux Colonies, eurent cruellement à souffrir : il fallait recevoir les ordres d'un Toussaint-Louverture. Des Français, obéir à cet Africain ignorant, qui avait conquis le pouvoir à force de crimes, et dont les fastes espagnols attestaient déjà la perfidie!... Les cruautés se renouvellaient chaque jour, et du milieu des mornes sortait une armée de noirs.

Déjà la trompette retentissait de toutes parts; des cris de guerre se faisaient entendre: l'Europe se couvrait de bataillons; tout annonçait un choc effrayant et général.

Les pères et les fils se précipitaient dans les rangs, et se disputaient l'honneur de défendre la cause de leur pays: la patrie ralliait sous ses drapeaux l'honneur et le courage.

Toussaint-Louverture, déjà orgueilleux de ses destinées futures, songeait aussi à se créer une armée;

Il rassembla tous ses nègres épars; les asservit à une discipline austère; et, plus esclaves que jamais, ils servaient Toussaint, en criant vive la liberté!

Les agens français, voyant chaque jour son autorité grandir, et prévoyant les suites funestes de cet excès de pouvoir, voulurent faire valoir leurs droits; mais Toussaint-Louverture leur opposa sa volonté : des poignards et des bayonnéttes.

Voilà donc ce nègre hardi, régnant sur les Colonies, dictant des lois à des Français vertueux, et qu'il venait de plonger dans les plus grands malheurs; disputant l'autorité aux magistrats avoués par la première nation du monde, et ayant à ses ordres le rebut de la société.

La commotion etait universelle; l'impulsion était donnée; la face de l'univers l'univers devait changer, et les oracles du destin allaient s'accomplir.

Toussaint-Louverture s'entoura de forcenés qui lui étaient entièrement dévoués. Christophe prit sous lui le commandement; (Jugez du chef, par ses agens!) et dans ces temps désastreux, dans ces contrées, sous le règne de ce noir, c'était un crime que d'être français.

On conçoit aisément que le premier soin de Toussaint-Louverture, lorsqu'il fut parvenu au pouvoir suprême, fut de penser à sa fortune; que le prix qu'il osa demander, pour ses forfaits, fut de l'or. Il n'eut pas de peine à devenir le plus riche de la Colonie.

Dans le champ du public largement il moissonne. (1)

Etonné de se voir entouré d'un luxe, qui jusqu'alors lui fut étranger,

---

(1) Cinna, tragédie de Corneille.

cet africain s'abandonna à tous ses goûts, se livra sans pudeur à tous les excès.

Cependant le gouvernement français était indigné de sa conduite, et cherchait déjà les moyens de faire rentrer ce rebelle dans le devoir : mais, vaine espérance!... il n'était plus temps; Toussaint, aidé de ses flatteurs, et plusieurs étaient des Français, qui, moins hardis, moins courageux peut-être, mais plus adroits que lui, l'aidaient à tenir le gouvernail. Toussaint, renfermé dans ce qu'il appelait ses états, opposait une barrière à l'autorité légitime, et une volonté prononcée aux ordres de la métropole.

Les Français, vraiment dignes de ce nom, qui habitaient encore les Colonies; ces colons, qui avaient trouvé le moyen de conserver leurs jours, osaient à peine élever la voix.

M. de Senneville, cependant doué d'un caractère inébranlable, fort d'expérience, et prévoyant la suite de ce désordre, fut nommé, par le gouvernement, pour son représentant aux Colonies. Fier de ce titre honorable, il s'occupa des moyens d'opposer une digue irrésistible aux manœuvres de Toussaint-Louverture. Mieux que personne, il le connaissait, savait que l'ascendant qu'il avait sur les noirs, faisait toute sa force; qu'il n'avait aucuns moyens par lui-même, aucune idée de gouvernement; et que tout ce qui l'entourait, à l'exception de quelques personnages (1), que les ombres des malheureuses victimes immolées sur ces bords, désignent sans cesse comme des objets d'horreur, était absolument nul, et que, sortis d'une orgie, les Christophe...

(1) Malheureusement trop connus.

les.... (la foule de leurs noms échappe à ma mémoire) n'étaient que des bêtes féroces gorgées de sang, et qu'on atteindrait facilement.

Revêtu du caractère de magistrat suprême, il dénonça ses pouvoirs à Toussaint-Louverture, et lui demanda une entrevue pour aviser aux moyens de rendre à la Colonie, sinon sa splendeur première, du moins la tranquillité, que des gens intéressés à tout désorganiser, semblaient écarter tous les jours davantage.

Toussaint-Louverture, outragé de la démarche de Senneville, refusa de le reconnaître, et le menaça de toute sa colère, s'il essayait envers lui le moindre acte de rigueur, et qui pût le compromettre aux yeux de la Colonie.

Senneville ne tint compte de cette réponse, il trouva en lui les moyens de combattre un brigand; mais, en même-temps, il était persuadé que ce n'était pas la raison qu'il fallait lui opposer, qu'il n'était pas fait pour l'entendre; qu'on essayerait vainement des voies douces et conciliatrices, avec un homme qui ne connaissait que les moyens extrêmes. Convaincu de cette vérité, ainsi que plusieurs colons de ses amis, et desirant remplir la tâche honorable qui lui était confiée, Senneville écrivit en France, pour demander qu'on fit passer des troupes aux Colonies; mais dans ce moment, les frontières attaquées sur tous les points, appelaient nos nombreuses légions : la nécessité retenait toutes nos troupes dans l'intérieur, et l'espoir des succès, qui par-tout ont été notre partage, enfantait des soldats.

Senneville ne reçut pas de réponse; cependant, malgré son inquiétude, et dans l'impossibilité de parer aux événemens, il déclara à Toussaint-Louverture, qu'il usurpait l'autorité, et que magistrat chargé de la faire respecter, il allait le dénoncer à la France entière.

Toussaint, dès ce moment, conçut une haine éternelle pour Senneville, et chercha tous les moyens de la satisfaire. Les nouvelles de France étaient favorables pour Toussaint; il commençait à être sûr de l'impunité: dès-lors, il ne crut plus devoir mettre de bornes à ses vexations, ni à son ambition. Christophe fut envoyé dans les mornes, pour rallier les noirs encore épars et indécis : la crainte lui fit des prosélites; et revêtu du pouvoir de faire le mal, Christophe devint l'égal de son maître, dans l'art des forfaits.

Toussaint-Louverture ne songea plus qu'à éloigner le peu de blancs qui restaient encore dans les Colonies; il détruisit les autorités légitimes, présenta un simulacre de gouvernement; aidé de ses parasites, il donna à la Colonie des lois, vrai chef-d'œuvre d'ineptie.

Les troubles intérieurs de la France, qui se manifestaient chaque jour avec des symptômes effrayans, vinrent le servir, et favoriser ses stupides et cruels projets.

Tandis que la révolte germait dans le sein de la colonie; que de toutes parts les colons persécutés, les gens raisonnables appelaient sur les nègres la vengeance de la mère-patrie; que ces furieux ne connaissaient plus ni frein, ni lois, et que Toussaint-Louverture, servi par le hasard et le génie du crime, plus affermi que jamais, était parvenu à s'asseoir sur le char politique, et à le faire voler en des chemins inconnus jusqu'alors, le sein de la France, déchiré de toutes parts, n'offrait pas un tableau plus consolant.

Ce vaste édifice de législation, qu'avait élevé l'assemblée constituante, s'écroulait de toutes parts, et bientôt ne devait plus offrir que des ruines. Le corps social tendait vers sa destruction ; l'éloquence était muette, et Robespierre parut !...

Dès-lors le règne de l'anarchie commença ; la vertu céda le pas à la scélératesse ! Cette belle jeunesse, l'espoir du barreau ; ces législateurs éloquens, qui, plus d'une fois dans leurs élans de génie, imprimèrent la pensée aux murs de cette enceinte, dont les voûtes retentirent depuis de tant de récits effrayans : cet essaim d'orateurs, destinés à grandir la gloire de leur pays, montèrent sur l'échafaud, où les regrets, les larmes les suivent encore. L'être le plus vertueux, ce mortel si justement célèbre, qui, encore dans son printemps, avait déjà rempli les deux mondes du bruit de son savoir ; ce père des malheureux, ce phénix des talens, qui fut tout-à-la-fois poète, orateur, médecin, chimiste, bon époux, bon père et citoyen distingué; l'illustre et malheureux « Lavoisier » venait d'être enlevé aux arts, à la patrie !

M. de Senneville, à l'approche de tant de calamités, pleura sur le sort de son triste pays. Mais bientôt il est destitué et proscrit; s'il lui échappe un mot, un murmure, c'en est fait, il subit le sort de ses pareils, le sort réservé à la vertu.

Robespierre qui reconnut en Toussaint Louverture, ce génie de crime, cette impulsion momentannée et terrible, qu'un chef de brigands doit communiquer à tout ce qui l'entoure, à tous ceux qui peuvent le servir, Robespierre lui accorda son amitié, sa protection. Des commissaires partirent de France, avec des instructions révolutionnaires; et les cruels! ils ont bien rempli leur mission. Si des hymnes d'exécration ne devaient pas perpétuer d'âges en âges leurs noms et le souvenir de leurs forfaits..... jes les nommerais (1).... Mais c'est un tableau qui fait mal, et il est affligeant pour le cœur de le fixer, d'imaginer même que de sang-froid des monstres ont pu le tracer!

Jusqu'alors le gouvernement français avait disputé l'autorité à Toussaint-Louverture; la crainte avait encore pu arrêter ses projets, et retenir son caractère atroce et vindicatif: mais une fois avoué de son rival en scélératesse, une fois environné de la protection d'un sénat

---

(1) L'histoire a déjà marqué leur place, et leur a départi la part de mépris qui leur revient.

homicide, il ne songeât plus, en satisfaisant ses penchans, qu'à se rendre digne de son nouveau protecteur.

On sait la manière dont lui et son adjudant Christophe accueillirent nos généraux, et traitèrent notre armée... Christophe a cependant commandé à des Français ! des Français ont pu lui obéir !... des commissaires français ont pu traiter en ami un Toussaint-Louverture ! Que dis-je ! ils ont recherché sa société, sa protection ; ils ont eux-mêmes pris soin d'établir sa renommée, de citer ses vertus, c'est-à-dire ses forfaits, alors on les appelait des vertus. C'est ainsi que, lors des massacres du deux septembre, quand les bourreaux, la tête couverte d'un bonnet de papier, les bras nuds, et un verre de sang devant eux, disaient : « Elargissez-le, » on assommait la victime !....

On se doute aisément que Toussaint-Louverture, maître absolu, dirigeant à son gré les commissaires français, qui, plus d'une fois, ont caressé jusqu'à ses vices; on se doute bien que cet africain altier n'oublia pas que M. de Senneville s'était en tout temps déclaré son ennemi.

Christophe, dont Ermina repoussait toujours les homicides vœux, entretenait la vengeance de son maître. M. de Senneville fut donc plongé dans les cachots.

Sa famille éplorée alla solliciter sa liberté; mais il était impossible d'approcher de Toussaint-Louverture.

L'Angleterre, tout en se servant de lui, le méprisait, et lui craignait une puissance qui chaque jour pouvait le renverser. Il s'affubla donc du manteau de la politique; et, semblable à Robespierre, son horrible modèle, il était toujours prêt à vendre ou à trahir son pays et les intérêts de la France. Robespierre avait envie de régner, mais s'inquiétait peu du bonheur de la France, dont il dispersait les lambeaux; jaloux de commander à des malheureux, et trop lâche pour disputer l'empire, et le devoir à son épée !

O de combien d'horreurs les Colonies furent le théâtre ! Combien de victimes, soulevant lentement la pierre qui les couvrent, viennent environner Toussaint et ses agens; et d'autres encore que je ne nommerai pas (1), et s'empressent à leur redemander leurs parens, leurs habitations, leurs amis, des épouses et des fils !....

Barbares ! que répondrez-vous?... Toussaint-Louverture, c'est toi que j'interroge. Qu'elle sera ta réponse, quand ouvrant le grand livre des destinées, le juge souverain t'y fera lire tes forfaits tracés en caractères

(1) Pour l'honneur de la France.... et de leur famille.

de sang? Si jamais on écrit ta vie, quel historien ne brisera pas ses crayons à la première esquisse?.... La terre avait été assez rougie du sang français; tous ces vautours aux griffes tricolores avaient assez plané sur notre triste patrie, et ces colombes gémissantes attendaient le moment favorable pour sortir de leurs retraites, et soupirer leurs douleurs!...

M. de Senneville, pendant ce régime horrible, avait vécu au fond d'un cachot, sans que rien pût l'en arracher, et sans que sa fille, la vertueuse Ermina, se fut décidée à céder au forcené Christophe. Un général français, qui honore son pays par ses vertus et son courage, arracha enfin ce colon respectable à sa longue captivité, et mit un terme à ses souffrances, en le rendant à la liberté, à sa famille et à ses amis.

Déjà ce système désorganisateur, ce projet de décimer la postérité, ces plans homicides tracés dans les ténèbres, et prêts à s'exécuter, avaient été ensevelis, ainsi que leurs auteurs; l'échafaud, depuis si long temps le champ d'honneur de la vertu, avait enfin réclamé les scélérats qui l'avaient dressé.

C'est alors que Toussaint, toujours adroit à se ployer aux circonstances, changea de masque, mais sans changer de mœurs. Les commissaires français furent rappelés; d'autres les remplacèrent, et remplirent dignement les fonctions auxquelles un gouvernement régénérateur les appelait.

Toussaint, qui cependant au milieu de ses forfaits, sur les derniers temps, avait eu soin de se déclarer le protecteur des blancs, conserva son autorité: on imputa à la crainte ce qui n'était que l'effet de son penchant. Plusieurs blancs qu'il avait servis, qu'il avait enlevés à la fureur de ses noirs, cherchèrent à ramener l'opinion publique, et parvinrent, sinon à détruire le souvenir de ses attentats, du moins à rappeler quelques-uns de ses traits de générosité, que même, en le détestant, nous ne pouvons lui contester : on alla même jusqu'à oublier ses liaisons avec Biassou, et d'autres hommes flétris par l'opinion générale.... Il fut conservé dans le commandement des troupes; mais Christophe et ses pareils, ces plats forcenés, qui ne sont pas même de grands scélérats, furent ignominieusement chassés.

Cependant la guerre continuait avec violence; il y avait trop de gens intéressés à la perpétuer, pour que la paix parut même possible; et tout confiant qu'il était envers Toussaint-Louverture; le gouvernement craignait quelque trahison, et regrettait de ne pouvoir envoyer des troupes nombreuses

nombreuses dans les Colonies. Toussaint, toujours fixe, marchant à son but, n'était plus ce nègre qui, au sortir de table, insultait tous les blancs qu'il trouvait sur son passage. Au contraire, il les couvrait de sa protection, et accueillait avec honneur et magnificence, tous les généraux français..... Oh ! que la perfidie est adroite !....

M. de Senneville avait tout oublié; et rendu au parfait bonheur, ses malheurs passés n'étaient plus pour lui qu'un songe. Le sol commençait à se féconder, ces sources fécondes du commerce à revivre; et la nature, de retour dans ces contrées plus tranquilles, était disposée à leur rendre ses trésors.

Ermina, toujours impatiente de revoir son Florello, appelait la fin de la guerre, car la paix seule pouvait ramener son ami, que l'honneur retenait sous ses drapeaux : des lettres ne dédommagent pas de l'absence d'un objet chéri !

Les desirs d'Ermina, le vœu de la France ne vont pas tarder à être remplis, car l'aurore du dix-huit brumaire s'est montrée..... L'enfant chéri de la victoire, le favori des Dieux, va nous rendre à l'espérance, au bonheur.

L'Égypte, long-temps témoin de sa valeur, se joignait a la France pour l'admirer; mais les Français le voyaient à regret promener sa valeur sur une rive lointaine : la gloire, exauçant nos prières, lui ordonna de repasser en France, sur l'aîle de la victoire; et l'onde impatiente, fière de porter le vaisseau qui renfermait l'oracle de nos destins, en peu de temps le rendit à nos vœux, Ah! nous conserverons à jamais le souvenir du jour, où il revit les rives de la Seine!

Digne, par ses vertus et son courage, d'être élevé au rang suprême, son premier soin fut d'appeler la paix : mais des lauriers lui restaient encore à cueillir ; les Français devaient encore s'immortaliser sous ses ordres, et le vainqueur de l'Italie, le fut à Maringo !

Cette journée décida du sort de l'Europe : des nations, disposées à s'aimer, devaient enfin renoncer à une guerre cruelle ! « Ils sont bien chers les lauriers payés du sang français !....»

Par son esprit conciliateur, son génie politique, le premier consul rallia les partis opposés : déjà des plénipotentiaires partent de toutes les cours de l'Europe. C'est à Amiens, que doit se consommer l'immortel ouvrage de la paix. La balance va s'établir ; l'Angleterre peut seule la faire pencher, et détruire l'édifice de notre bonheur : mais tout cède enfin à notre dieu tutélaire ; et des rives de la Seine aux bords de la Tamise, on n'entend que ces cris heureux : Vive la paix !

Content de son ouvrage, mais ne songeant à prendre de repos, que lorsque les destins de la France seraient par-tout assurés, Bonaparte jette les yeux sur nos Colonies.

Toussaint, voyant que la paix venait de le priver de toute ressource, sous le masque de l'hypocrisie, chercha à tromper la France, en feignant d'adopter les principes du gouvernement. Il fait, non par lui, car il en est incapable ; ses agens font (1) une constitution.... Je ne chercherai pas à la discuter ; occupons-nous non des forfaits de Toussaint, mais de la marche du gouvernement français.

Toussaint-Louverture avait deux

(1) Fabriquent...

fils; tous deux par ordre du premier consul, furent placés au Prytannée.

Par une suite de la générosité et de la grandeur d'ame qui caractérisent ce chef des Français, il voyait dans Toussaint-Louverture non un ennemi de la patrie, mais un militaire qui, par la connaissance qu'il avait de son pays, pourrait être utile au gouvernement, mériter sa bienveillance, et peut-être un jour, quand la nuit des temps aurait enseveli des souvenirs déchirans, par sa conduite envers les blancs, par la protection dont il s'était fait gloire de les environner, pour les défendre de la brutalité de ses satellites, acquérir quelques droits, sinon à l'estime, du moins à l'indulgence.

Une armée est destinée à passer aux Colonies; tous nos ports sont disposés à recevoir cette masse de vainqueurs! Florello entend parler de cette expédition, sollicite la grace d'en faire partie; et sous les ordres du général Leclerc, comme adjudant général, il monte sur l'*Océan*; (1) déjà l'onde impatiente frémit, et la vague orgueilleuse semble presser notre départ.

Cependant Toussaint-Louverture, instruit de ces préparatifs, jette tout-à-fait ce masque hypocrite dont il se couvrait depuis si long-temps, et ne laisse plus de doutes sur ses affreux projets; méprisé de l'Angleterre, il implore la protection des Etats-Unis; un refus humiliant est tout ce qu'il peut en obtenir.

Cette nouvelle, qui le désespère, porte la joie dans l'ame de tous les honnêtes gens. Senneville en rend graces aux dieux. Ermina croit déjà serrer Florello dans ses bras; et le brave Télémaque, ce vertueux noir,

(1) *L'Océan*; c'est le vaisseau commandant.

alors maire du Cap, annonce déjà l'arrivée des Français.

Toussaint-Louverture, avide de régner, et voyant avec jalousie s'anéantir son autorité, si une fois l'armée française descendait dans les Colonies, ayant d'ailleurs des biens immenses à conserver; déploya l'étendart de la révolte, s'entoura de ses fidèles noirs. Christophe, le plus forcené, fut rappelé près de lui. «Mes amis, leur dit-il, la France arme; c'est pour nous asservir..... les fers sont prêts, mais ne souffrons pas qu'elle vienne nous en charger..... nos forts sont tous en état de défense. Rassemblons nos bataillons et défendons l'entrée de nos Colonies à ces Européens avides.

Ils arment, mais avec lenteur; nous avons le temps de préparer une défense vigoureuse; ne perdons pas un instant pour assurer cette liberté qu'on nous donna à regret, et qu'on voudrait nous ravir.

Ce discours fit, sur l'ame des révoltés, l'effet qu'il en attendait, et dès ce moment, tout le monde fut obligé de prendre les armes. Les Français, alors à Saint-Domingue et au Cap, refusèrent de s'armer, et Télémaque déclara qu'il s'opposait à ces projets criminels.

Mais vainement déjà Christophe avait reçu les ordres de Toussaint-Louverture; déjà l'armée garnissait les forts, et tout annonçait une résistance qui devait amener les plus grands malheurs.

La France n'avait pas à balancer; il fallait ou que Toussaint nous ouvrît ses ports et reçût l'armée française; par-là, il acquérait des droits à nos bienfaits, ou qu'il nous résistât; par-là, il provoquait la vengeance de la mère-patrie, et bientôt il en sentira les effets.

Des généraux habiles, des marins distingués sont appelés pour cette grande expédition; l'ordre du premier consul est donné, et sous les ordres du capitaine général Leclerc : l'Océan se couvre de vaisseaux; les vents sont favorables, et le pavillon français flotte sur l'immensité des mers.

Toussaint, pendant ce temps, se préparait à nous bien recevoir, c'est-à-dire, à nous donner une nouvelle preuve de sa scélératesse.

Cependant l'armée française avançait à toutes voiles. Le général Kerversan se dirigeait sur Santo-Domingo. Des pilotes, que l'amiral envoya chercher à Monte-Christ, nous assurèrent que Toussaint-Louverture était dans l'intention de nous recevoir amicalement, et que nous ne devions éprouver aucun obstacle. Le contre-amiral Latouche se plaça devant le Fort

Républicain, et occupa la partie du sud, ainsi qu'il en avait reçu l'ordre.

Un autre corps de troupes fut dirigé vers le Port Liberté. Un débarquement de six cents hommes s'opéra à la Mélonière ; à peine les noirs les apperçurent-ils, que se précipitant en foule sur le rivage, ils poussèrent des cris de fureur, et l'on distingua ces mots : pas de blancs ; mais nos troupes eurent bientôt fait disparaître ce ramas d'insulaires.

Toussaint-Louverture, trompé par la célérité de la marche de l'armée française, n'était pas encore tout-à-fait en état de défense.

Cependant le général Brunet entre au Fort de Lance et de la Bouque, les enlève de vive force. On veut pénétrer dans la rade ; à peine y sommes nous, que la batterie du fort grondo de toutes parts, annonce qu'il faut se battre, et ne laisse plus de doutes sur les projets de Toussaint-Louverture.

Mais rien ne résiste au courage, et nous sommes bientôt entrés dans le fort; les négres sont dispersés et n'ont plus de choix qu'entre la mort et la fuite.

Les ordres de Toussaint-Louverture étaient positifs; il était enjoint à ses capitaines de couler bas tous les vaisseaux français qui se présenteraient, de se défendre et de tenir jusqu'à la dernière extrémité.

Cependant, au milieu du combat, deux frégates se détachèrent et portèrent la proclamation du premier Consul.

L'homme de couleur, Sangos, alors commandant au Cap, vint annoncer que le général Christophe venait d'expédier un courier à Toussaint-Louverture, pour recevoir ses ordres relativement aux dispositions ultérieures, et que jusqu'à son retour, il était de son devoir de faire jouer les batteries du fort.

Les habitans du Cap, ayant le sage Télémaque à leur tête, vinrent solliciter le capitaine général d'épargner cette triste cité, et déjà si intéressante par ses nombreux malheurs, et tout ce qu'elle avait eu à souffrir sous le règne de l'Africain féroce, qui fait résistance au gouvernement.

Le sort en était jeté..... Il fallait en venir à une action décisive : elle eut lieu. Le premier soin du capitaine général Leclerc fut de préserver la plaine et conserver ces belles habitations, l'espoir du commerce ; mais tandis que des vues bienfaisantes occupaient ce Français courageux, Toussaint-Louverture, désespéré, et se voyant forcé d'abandonner toutes ses positions, ordonna à ses troupes, en se retirant, de mettre par-tout le feu.

Ces forcenés, en fuyant dans leurs mornes impénétrables, accomplirent les ordres du tigre qui leur commandait. Le crime siége au milieu de leurs cohortes éparses, et dirige leurs bras incendiaires; la ville du Cap est la première la proie des flammes.

Et les vents cruels nous forçaient d'être spectateurs de ces évènemens sinistres, sans pouvoir porter des secours aux malheureux!

Le Cap n'offrait que le tableau le plus effrayant, des mères emportant leurs nouveaux-nés, des fils se traînant sur les pas de leurs pères; des vieillards n'ayant plus la force de fuir le trépas; écrasés au moment où ils allaient faire le dernier effort pour s'éloigner de leurs foyers, qui croulaient de toutes parts; les cris des mourans, les hurlemens des incendiaires. Quel spectacle! rien n'était respecté, rien n'était épargné; le brave Télémaque, au milieu des ruines, semblait encore en imposer aux brigands. Les efforts de ces scélérats s'étaient sur-tout dirigés sur la maison qu'habitaient Senneville et sa famille ; ils avaient ordre d'enlever Ermina et de la conduire à Christophe, d'exterminer M. de Senneville ; mais l'armée française entrait déjà de toutes parts ; nos braves se précipitent à travers les flammes. Florello, qui savait, que cette cité infortunée renfermait son Ermina, avait été un des premiers à voler au lieu du péril. Il avance ; des scélérats entraînaient Ermina ; il les disperse, s'empare de son amie, et, chargé de ce délicieux fardeau, il traverse les ruines et parvient à la sauver. Voyant leur proie échapper, les noirs se jetèrent sur M. de Senneville, et allaient l'immoler, quand le lord Artus, qui, depuis peu, était arrivé aux Colonies, et que le desir de sauver quelques malheureuses victimes avait amené dans ce séjour de forfaits, eût le bonheur d'être utile à son bienfaiteur.

Après avoir essayé toutes les voies conciliatrices, le capitaine général, voyant bien qu'il avait affaire à un brigand prononcé, mit Toussaint-Louverture « hors la loi. »

Le débarquement général s'était opéré. Ermina était dans les bras de Florello; Artus s'applaudissait d'avoir sauvé un Français, son bienfaiteur; le capitaine général Leclerc s'était couvert de gloire.... Pour citer tous ceux qui ont bien mérités de la mère-patrie, tous les braves qui se sont montrés dignes du nom Français, il faudrait citer toute l'armée.

Les évènemens de cette journée nous laisseront de douloureux souvenirs, et la perte du Cap coûtera des larmes à tous les Français.

Toussaint, nous t'atteindrons partout, homicide impuni; tu croyais toujours triompher.

« Mais il est des forfaits
» Que le courroux des dieux ne pardonne jamais

On a voulu offrir le caractère de Toussaint-Louverture, fixer les yeux sur ce colosse d'ineptie, d'ambition, de scélératesse et d'hypocrisie, et sur ses principaux agens; mais entrer dans le détail de tous leurs vices, de tous leurs forfaits, depuis qu'ils existent, eût été presqu'impossible, car le flambeau de l'analyse s'éteindrait, si on le portait dans ce dédale d'atrocités.

FIN.

www.ingramcontent.com/pod-product-compliance
Ingram Content Group UK Ltd.
Pitfield, Milton Keynes, MK11 3LW, UK
UKHW020145200726
13856UKWH00003B/860

9 782013 374767